Ernst Martin

**Le besant de Dieu**

Mit einer Einleitung über den Dichter und seine sämtlichen Werke

Ernst Martin

**Le besant de Dieu**
*Mit einer Einleitung über den Dichter und seine sämtlichen Werke*

ISBN/EAN: 9783743650008

Hergestellt in Europa, USA, Kanada, Australien, Japan

Cover: Foto ©Thomas Meinert / pixelio.de

Weitere Bücher finden Sie auf **www.hansebooks.com**

# LE BESANT DE DIEU

VON

## GUILLAUME
LE CLERC DE NORMANDIE

MIT EINER EINLEITUNG

ÜBER DEN DICHTER UND SEINE SÄMMTLICHEN WERKE

HERAUSGEGEBEN

VON

## ERNST MARTIN

HALLE

VERLAG DER BUCHHANDLUNG DES WAISENHAUSES

1869

# HERRN PROFESSOR

.

# ADOLF TOBLER

DANKBAR ZUGEEIGNET

# I. DIE HANDSCHRIFT.

Das von Guillaume le clerc de Normandie verfasste Sitten-
gedicht Le besant de dieu hat sich bis jetzt nur in einer einzigen
Handschrift vorgefunden, welche der kaiserlichen Bibliothek zu Paris
angehört als Manuscrit français 19525, früher fonds S. Ger-
main 1856, nach älterer Bezeichnung 2560. Ein früherer Besitzer
wird unzweifelhaft angegeben durch den auf dem ersten Blatt
stehenden Namen Philippes Desportes und durch ein darunter
gemaltes Wappen: gewis der Dichter dieses Namens, der nach dem
Tode seines Gönners Heinrich III 1589 sich nach der Abtei Bon-
port (Diözese Evreux) zurückzog und dort 1606 starb; s. Ed. Frère,
Manuel du bibliographe Normand. Rouen 1858. 1860. 2 Bde. 8°.

Die Handschrift enthält 202 beschriebene Pergamentblätter in
klein 4°. Jede Seite hat zwei Spalten, mit Ausnahme einiger
Prosastücke, welche durchlaufend, und eines kurzgereimten Gedichtes,
welches in drei Spalten geschrieben ist. Auf der Seite stehen durch-
gängig 32 Zeilen. Die Schrift rührt von wenigstens zwei, recht
sorgfältigen Händen aus dem Anfange des XIV. Jahrhunderts her.

Bei der Aufzählung der in dieser Handschrift vereinigten
Gedichte und Prosastücke gebe ich die Titel an, welche Herr P. Paris
auf dem Vorsetzblatte des Einbandes verzeichnet hat, ziehe die Ein-
gänge und sonst bemerkenswerte Stellen aus, und füge bei, wo bei
neueren Gelehrten von diesen Stücken gehandelt ist.

1) Bl. 1ʳ 1 "De S. Laurent."

>     Maistre, a cest besoing vus dreciez
>     Et mei cumme deciple aidiez . . .

1ᵛ 1 Ceste ovre faz, que ci conmenz,
>     Por une ancele saint Lorenz . . .

Martin, altfranz. Gedicht

*Dies Gedicht zeichnet sich namentlich durch eine geschmacklose
Einmischung lateinischer Flexionsformen aus, so* 6 ᵛ ² del temple
Jovis as cerines Olimpiadis; 6 ʳ ¹ *sogar* quant demanderent
[*l.* demandent] tei, regehi esse Jesum filium dei.

   2) 8 ᵛ ² "*Adieux de Jésus Christ à Notre Dame, par Wil-
laume, prêtre.*"

       Seignors, or escutez, que deu vus beneie . . .
12 ᵛ ¹ [O]r voil a tei parler, qui ai faite [*l.* fait] la chancun.
       Jeo ai a nun Willemme: n'oblier pas mun nun! . . .
       Prestre sui ordene, tis sers sui et tis huem . . .
       Mis peres et ma mere (ices ne oblierun)
       Aient tuit ensemble al ciel manciun . . .
       Nostre livre dame ici finun.

   *Der Abbé de la Rue, in seinen Essais historiques sur les
bardes, les jongleurs et les trouvères Normands et Anglo-Normands
(3 Bde. Caen 1834) Bd. 2, 276 hält das Gedicht für abgekürzt
aus einem anderen,* la genesis et la mort de Notre Dame S. Marie,
*Msc. Harl. 222; hier nennt sich der Verfasser* Jeo ai a nom
Hermans. *De la Rue verbindet beide Namen zu einem, setzt den
Dichter Guillaume Hermans in die erste Hälfte des XII. Jahr-
hunderts, und schreibt ihm aus unserer Handschrift noch die
Nrn. 14. 17. 19. 20 zu.*

   3) 12 ᵛ ¹ "*La vision S. Paul.*"

       Seignors freres, oro escoutez,
       Vos qui estes a deu nummez,
       Et aidez mei a translater
       La visiun saint Pol le ber . . .

   *Das Gedicht findet sich auch im Msc. Cotonn. Vesp. A. VII
(s. F. Michel in den Docum. inéd. sur l'hist. de France, Paris 1839
S. 120); wo sich am Schlusse nach dem Amen der Schreiber, oder
wie De la Rue 3, 139 meint, der Dichter nennt:* Jeo suis serf
deu Adam de [*l.* le?] Ros. Ici fais jo le mun repos. Kar
plus ne dit ici le livre Ne jo ne voil nient plus escrivre.

   4) 15 ʳ ² "*De Sᵗᵉ Marie l'Egiptienne.*"

       Oez, seignors, une raisun,
       Ou il n'a se verite nun . . .

De ma dame sainte Marie
Le Egipciene orunt la vie . . .

*Die in Robert Grosseteste, Carmina Anglo-Normannica von
M. Cooke (London, Caxton Society 1852) herausgegebene Vie de
S^{te} Marie l'Egyptienne stimmt zwar in den zwei zuletzt angeführten
Zeilen, aber nicht im Eingang. [s. d. Nachtrag.]*

5) 26^{v 1} "De S. Alexis." s. Haupts Zeitschr. 5, 299 [und
den Nachtrag].

Bons fu li siecles al tens ancienor:
Car feiz ert et justise et amor,
Si ert creance, dunt or n'i a nul pro . . .

6) 31^{r} "De S. Johan l'evangeliste." Prosa. Le secunt travail
as crestiens apres Nerun l'empereor fist Domicien l'empereor . . .

7) 36^{r} "De S. Johan Baptiste." Prosa. Al tens Herode
le rei de Judee fu un proveire par nun Zacarie del lingnage
Abie . . .

8) 38^{r} "De S. Barthélemy." Prosa. O [I.C] eo cuntent ceus qui
sevent deviser les parties del munde, que treis Indes sunt . . .

9) 41^{r} "De SS. Pierre et Paul." Prosa. Al tens Nerun
Cesar esteient a Rome deus feels maistres as crestiens saint
Piere et saint Pol . . .

42^{r 2} Apres la passiun saint Piere conterun la passiun
saint Pol . . .

10) 43^{v 2} "Du Jugement de Dieu."

Seignors, oez raisun gloriose et saintisme!
Del ciel en est la voiz, de parais la vie.
Deu l'enveia en terre por preechier noz vies . . .

46^{v 2} Ci finist le livre del dampnedeu juis.

Deu nos prenge a sa part par la soe merci.

11) 47^{r 1} "Sermun en vers sur le Jugement de Dieu."
*Schweifreimende Strophen von sechs fünfsilbigen Zeilen.*

Graut mal fist Adam
Qui par le sathan
Tal conseil crut.
Mal conseil li [tilge li] dona
Qui ceo lui loa:
Car tost l'out suduit.

*Veröffentlicht von A. Jubinal. Paris 1834. 8°. 32 SS.
s. Hist. litt. 23, 251.*

**12)** 50$^{v\,1}$ *"Legende de Pilate."* Prosa.

Ceo avint al quinzime an que Tyberie Cesar aveit este
enpereor de Rome . . .

61$^{r\,2}$ Nerun . . si comme il crout sol par une forest, d'un
agu fust se tresperca. en tele guise morut. et puis fu de
lous devore. si comme Simun l'enchanteor li aveit dit par l'art
del deable . . .

**13)** 61$^{v\,2}$ *bis* 66$^{v\,1}$ *"Du mépris du siecle."*

Entendez vers mei, les potiz et les granz!
Un deduit vos dirai, bel est et avenanz . . .

66$^{v\,1}$ Cil qui por nos espandi et sun cors et sun sanc
Nos salt et beneie des ici en avant! Amen.

*Weit vollständiger erhalten im Ms. Harl. 4388 s. De la Rue
Bardes etc. 2, 136 ff. Danach herausgegeben unter dem Titel
Le sermon de Guichard de Beaulieu. Paris 1834. s. Hist.
litt. 23, 250. Ob übrigens der Verfasser wirklich der Clunia-
censer Giscardus de Bellojoco (gestorben 1137) gewesen sein kann,
erscheint mindestens zweifelhaft.*

**14)** 67$^{r\,1}$ *beginnt eine andere Hand. "De S$^{te}$ Marie Magda-
leine par Willaume." s. die Bemerkung zu Nr. 2.*

A [*Miniatur*] pres ceo ke nostre seignor
Jesu Crist le voir sauveor
Fu relevez de mort a vie . . .

72$^{v\,1}$ En tele maniere e en tele guise,
Come Williē vus devise,
Out la contree desrenee
La Magdaleine e sa mesnee.
A dieu qui regne e regnera
James son regne ne faudera. Amen.

**15)** 72$^{v\,1}$ *"Enseignement sur le Pater Nostre. En prose."*
A son treschier frere.

Mun cher frere, sachez ke home tant cum il entent e veit
plus de la verite e del bien, taut plus le aime e plus en
a joie . . .

16) 82$^{v\,2}$ "*De confession. En prose.*"

Ki voldra bien e beau vestu aparer devant la face Ihū,
il covient qu'il eit une robe ke ad nun confession . . .

17) 86$^{v\,2}$ "*De notre Dame par Willaume.*" *s. u. Abschn. III.*

18) 96$^{r\,1}$ "*Dit du besant de dieu par Willaume.*" *s. Abschn. II.*

19) 125$^{r\,2}$ "*Des trois ennuis de l'homme par Willaume,
faite à la prière de l'évêque Alexandre.*" *s. u. Abschn. III.*

20) 129$^{r\,2}$ "*Vie de Tobie, adressée à Guillaume prieur de Kenil-
lewerche en Ardenne.*" *De la Rue 2, 271 (s. oben zu Nr. 2), erklärt
dies als Kenilworth in der Grafschaft Warwick. Woher dann aber
der Zusatz en Ardene? Doch fand ich keine franz. Abtei des Namens.*

> [C *fehlt*] il qui seme bone semence
> Ou bone parole comence,
> Deit garder (c'est verite fine)
> Que sor pere ne sor espine
> Ne la get ne en veio batue . . .
> [L] e prior Guill'me me prie
> Del iglise sainte Marie
> De Kencilleworche en Ardene,
> Qui porta la plus haute pene
> De charite que nule iglise
> De tut lo realmo a devise,
> Que jeo li en romanz la vie
> De celui qui out non Tobie . . .

*Merci, Verite, Justise e Pes sa seror verhandeln über das
Schicksal eines Prison, der Menschheit*\*). Erlösung der Alten.
Lücke von* 132$^{r\,1}$

> Donc vit Thobie son seignor
> Qu'il avait desire maint jor
> Por qui il ensevilisseit
> Les cors quant leisir en aveit
> Si come vus orrez en l'estorie
> Qui bien est digne de memorie.

*bis* 132$^{r\,1}$ "Biau fiz" fait il "alez nos querre
> Plus des chaitis de nostre terre . . .

---

\*) *Aus Robert Grosseteste, Chasteau d'amour V. 230 ff. entlehnt?*

141ʳ² L'estorie est define ici
        Que tranlate avon brefment.
        E se nul la velt autrement
        Traiter, il ne m'en peise mie:
        Ainceis me plaist que mielz la die.

21) 142ʳ¹ *"Vie de Sᵗᵉ Marguerite."*

        A [*Miniatur*] scotez, tote bone gent!
        Dire vus voil apertement
        Coment la bone Margarite
        Porchaca de deu tel merite,
        Que ele est virgne e dame clamee
        Od la crestiene mesnee . . .

145ʳ¹ Ore est la virgne a gariesou.
        Tuz e totes la requerron
        Qu'ele prit deu qu'il nus gard de baan [*l.* d'ahan]
        D'enfern! si dites tuz: amen!

22) 145ʳ² *"Li romans des romans."* *) *Qualrains von
zehnsilbigen Versen.*

        I [*Miniatur*] ci comence li romanz des romanz
        Molt deit bon estre . car li nun est granz
        E profitable e forment delitanz
        E as orailles e as quers des oanz.

            Jeo nel comence par nule presumpeie
        Ne por fiance de ma bone clergie:
        Car petit sai e sui de fole vie
        E li mien sen a ceo ne suffist mie . . .

            A cest romanz est li mondes matire
        Com fu jadis e come ore s'empire,
        Par quelo maniere nos le veon desfire
        Tant en nature com en faire e en dire . . .

_____

*) So wird in der Hs. des Brit. Mus. 20 B. XIV in einer, aller-
dings erst später zugefügten Einleitung das Chasteau d'amour Roberts Gros-
seteste bezeichnet, s. De la Rue, Bardes u. s. f. 3, 107 fg. Ein anderes Gedicht
dieses Namens, eine Satire gegen den Clerus führt De la Rue an, Bardes
u. s. f. 1, 215.

153ʳ¹ Judas vendi son seignor veirement.

Repenti s'en: mes nel fist sauvement.

Par repentance rendi cel argent,

Mes despeir [*l.* desespeir] li toli sauvement.

　　Car s'il eust a deu merci crie

　　Od bone fei e od simplicite:

　　Deus est si plein od sa grant boute

　　Qu'il eust tut le pecche pardone.

**23) — 28)** "*Quatre [cinq] sermons en latin et français.*
*Prose.*" *Zu Grunde liegt das Buch Josua.*

**23)** 153ʳ² D [*Miniatur*] onavit illi nomen quod est
super omne nomen et cetera. Seint Pol li apostre dit de nostre
salveor . . .

**24)** 170ʳ Dixit dominus ad Jesum filium Nave ministrum
Moysi . . .

**25)** 174ʳ¹ Misit deus exploratores . . .

**26)** 180ʳ² Cum autem esset Jesus in agro urbis Jerico . . .

**27)** 184ᵛ¹ Tulit autem unus ex filiis Israel aliquid de
anathemate Jerico . . .

**28)** 191ᵛ¹ "*De Lazare et des miracles de J. C. et de la*
*passion.*"

　　Mult par fu grande icele election

　　Dont Magdalene recut si grant pardon.

　　Celui esluist, par qui vait tut le mon,

　　As suens servanz qui rient tel geredon . . .

202ᵛ² La passion deu ore finerom.

　　Seinte Marie en depreom

　　Qu'ele nus seit en aie

　　Vers nostre seignor e nuit e die,

　　E cil deus nus ajut

　　Qui fist terre, herbe e fruit.

　　Amen, amen, diom tuit.

*Als Eigentümlichkeiten in der Schreibung der Hs. sind für*
*den Besant de dieu folgende bemerkenswert:*

　a *für* au Guillame, *für* ai tarrai larrai, *für* e sarmoner.

　ai *für* a Alemaigne, *für* ei solail aparailler.

e *für* a chescun blesmie sevent (gernetes 1338 *und* superne
3168 *werden durch den Reim als dem Dichter fremd erwie-
sen*), *für* ai gewöhnlich Mes *u. a.*, *für* i desciples ypocresie
descrecion, *für* u femier emprenter 1734, *für* ie *sehr oft*
ren deners le pite, *für* oi bevre vesins, *für* eu de *im
Reim* 2578.

ei *für* ai s'abeisse, *für* e anceisorie 819, *für* oi *fast stets* aveir
soleit beivre veille, *für* i eissi moutepleier guareison.

eo *für* e ceo jeo.

eu *für* ieu deu.

i *für* e crie criator iglise. liale, *für* ie virge matire (*im Reim*
155), *für* oi diens 673.

ie *für* e hiet siet biel piere 1878, *für* oi (*wol verschrieben
für* ei) fiez 32 liest 2996 lieal 3053.

o *für* ou jor por otre ovrer *u. a.* no 3467. 3475 (=: nel),
. *für* eu demore hore tenebrose *u. a.*, *für* oi amot mangoent
loer 1393, *für* e moole somondre bosoigne 2574.

oe *für* eu moert poez doel ostrioer *u. a.*

oi *für* eu voil poi orgoil, *für* ui oile trois.

ou *für* eu dous out, *für* oi donout 99.

u *für* e samus 3521 retornamus (*Reim auf* porpensames 3525),
*für* ou *sehr oft* pur clus ducur *u. a.*, *für* eu *häufig* leprus
lur fu, *für* o *vor Liquidis* vunt campaignie furment savum.
(*Diese Endung der I. Plur. wird als der Aussprache des Dich-
ters unangemessen erwiesen durch den Reim* feon: veon 253).

ue *für* ie suen.

ui *für* oi conuist 367 reconuis 2416, *für* ou tuit.

*Consonanten. Einfache verdoppelt* naffrer, trebbles 3754,
serra irra larrai tarrai ovrrers verrai, vvont vvages trivves.
*Doppelte vereinfacht* dona, piere, rendisent euse. s *vor* e
*zugefügt* muscier oscis richesce, evesche haschees; *ferner in*
mesmes (*durch den Reim auf* primes 2934. 3623 *als gegen
des Dichters Aussprache nachgewiesen*). cch *für* ch peccha
tecche *u. a.* gn *für* ng logn 903, *auch* g loigtaine 3523.
m *für* n savum deusom. r *für* l *und umgekehrt* concire mire
2321 evangire (1595 *und sonst durch den Reim bewie-
sen, doch auch auf* vile *reimend* 3580); fortelesce 183.

l *nach Vocalen nicht zu* u *aufgelöst* malves tumbel mielz poldre dulz, *als unecht bewiesen* perilz: raiz 2289. i *vor Vocal oft nicht in die vorhergehende Silbe aufgenommen* adversaries glorie patrimonie. *Etymologisches* d *beibehalten* vedve pudneis ad od; *dagegen* e *stets für* et.

*Diese Eigentümlichkeiten sind grösstenteils allgemein normannisch. Sie finden sich wieder z. B. in den Hss. des Bestiaire von Philipp von Thaun, so ausser den bekannten* ei *für* oi, u *für* ou *auch ad od* ren aparaillee voil necessarie (*im Reim auf* faire) busuin do dirrai pecchet enluminout(: chazot) *u. a.*

*Manche der Eigentümlichkeiten der Hs. werden durch Reim oder Versmass als dem Dichter nicht mundgerecht bewiesen, ohne dass jedoch die Möglichkeit, dass er selbst so schrieb, ausgeschlossen wäre. Namentlich gilt dies von den Fällen der etymologischen Orthographie:* m *als Endung der 1. Plur. u. a., noch sicherer von Formen wie* sumus retornamus, *ferner* mesmes, glorie *u. a. Hier auszugleichen, selbst wo die Reime dazu aufforderten, habe ich mir in dieser Ausgabe, dem ersten Abdruck einer einzigen Hs. nicht gestattet. Dagegen habe ich allerdings die zahlreichen Fälle geändert, in welchen ein* e *oder* a *falsch zugesetzt oder weggelassen war, weil hierdurch das richtige Lesen der achtsilbigen Verse erschwert schien. So schreibt die Hs. durchgängig* averas, *oft* devendereit 336 entendereit 968 estovera 945 *u. a.;* ore ele tele meillore greignore (*fem.*) malevoillance 1094 (?) *u. a. stehen oft wo die apokopierten Formen notwendig verlangt werden. Andererseits habe ich in* benure marchandise raindre *durchgängig* e, *in* derain gainer *durchgängig das* vor *dem Vocal verschluckte* a *herstellen müssen. Auch* fra front *steht zuweilen gegen das Versmass. In diesen, fast regelmässig wiederkehrenden Fällen habe ich nicht einmal das Bezeichnen der handschriftlichen Lesart für nötig gehalten; ebenso wenig, wo ich dem Metrum zu Liebe gegen die Hs. Elision des stummen* e *zugelassen oder aufgehoben habe.*

*Dagegen habe ich natürlich die handschriftliche Ueberlieferung genau angegeben an allen Stellen, wo ich des Sinnes wegen geändert habe. Ich habe dies ziemlich oft tun müssen und allerdings auch manche zweifelhafte Besserung aufgenommen: in welchem Falle ich der handschriftlichen Lesart ein Fragezeichen vorgesetzt habe. In*

*einzelnen Abschnitten vertritt der dem Bestiaire Guillaumes ange-
hängte Auszug die Stelle einer zweiten, meist freilich schlechteren
Hs. Wenn ich nach ihr gebessert habe, ist der handschriftlichen
Lesart ein Stern vorgesetzt worden. Eine ganze Reihe von Versen,
1212 bis 1273 ist durch Rasur unlesbar und grossenteils wol
auch unherstellbar geworden: offenbar verletzte hier der Inhalt, die
wie es scheint etwas derbe Behandlung der Frage nach der Ent-
stehung des Menschen das zarte Gemüt eines, wahrscheinlich geist-
lichen Lesers.*

    *Schliesslich bemerke ich, dass die Absätze des Druckes nach den
grossen gemalten Buchstaben der Hs. angesetzt sind: sowie dass es
nicht ganz überflüssig schien, die Blätterzahlen der Hs. anzumer-
ken, obschon sie nach der gleichbleibenden Zeilenzahl leicht aus-
gerechnet werden konnten.*

## II. DAS GEDICHT.

    *Eine Inhaltsangabe wird zugleich Anordnung und Verbindung
der einzelnen Gedanken erkennen lassen.*

    *Einleitung: Veranlassung und andere Umstände 1—404.*

    *Der Dichter will Gottes Pfund nicht vergraben 1—15. Nie
war es nötiger Gottes Wiederkunft zu erwarten: aber alle ziehen
sich von seinem Gastmal zurück, ja der Dichter selbst tut es
trotz besseren Wissens — 78. Guillame, ein Clerk aus der Nor-
mandie, früher weltlicher Dichter, bedenkt an einem Samstag Abend
im Bette seine Lage, wie er für Weib und Kinder durch seine
Dichtung den Unterhalt gewinnen müsse. Noch wichtiger erscheint
ihm für seine Seele zu sorgen, dass sie Oel habe, wenn der Bräu-
tigam komme. Er überdenkt die h. Geschichte und beschliesst dar-
aus den Stoff seiner Dichtung zu entnehmen — 158. Eben war
der König von Frankreich im Kriege gegen die Tolosaner gestorben.
Von seinen gierig erworbenen Ländern blieb ihm nur die Grube;
er ward ärmer als irgend einer seiner Söldner — 201. So kann
es auch anderen Fürsten gehen. Der Mensch ist so hinfällig, so
elend. Unter den Schmerzen seiner Mutter hilflos geboren, in der*

*Jugend sinnlos, später kündig, dann bestraft. Sein Leib wird der Würmer Frass — 362. Daher ist das Streben irdische Schätze zu sammeln töricht — 404.*

*Erster Teil: Torheit und Sünde der Menschen 405—1166.*

*Erstens im allgemeinen 405—572. Der Mensch hat drei Feinde: die Welt die täglich vor seinen Augen steht, das Fleisch in seiner unmittelbaren Nähe, und den unsichtbaren Teufel, der die beiden anhetzt und dem Menschen rät ihnen zu folgen — 484. Das Fleisch ist zu züchtigen und durch magere Kost zu bändigen — 510. Aber viele gehen mit ihren Feinden; sie verlassen den guten Herrn, um dem bösen zu folgen, wie wer den Königsdienst mit dem harten Bauerndienst vertauscht, wie eine Frau den guten Liebhaber dem schlechten nachsetzt — 572.*

*Zweitens die einzelnen Stände 573—1166. Gegen die geistlich Gebildeten, die Clerks. Doch werden die guten, frommen, armen, gehorsamen, mildtätigen ausgenommen. Aber sehr viele sind anderer Art, namentlich habgierig und geizig. Bischöfe suchen mit zahlreichem Gefolge arme Klöster heim. Ihre Schreiber verkaufen Dispense für die schlimmsten Sünden. Cumulation der Aemter, Nepotismus. Pfarrer lassen sich Messen bezahlen, die sie nicht halten. Sie verführen ihre Lämmer und wagen es doch das Opfer zu bringen. Die Langmut Gottes ruft sie zur Busse. Aber sie werden dereinst auch mehr als die Laien verantwortlich sein — 760. Gegen die Fürsten, die zum Schaden der Bauern kriegen. Sie sind verantwortlich für die Seelen der Gefallenen. Doch ist Vaterlandsverteidigung gegen ungerechten Angriff erlaubt und verdienstlich. Am besten wäre der Kriegseifer gegen die Sarazenen zu kehren — 846. Gegen die Reichen, die aus Habsucht ihre Untergebenen schinden. Daher sage das Evangelium, dass ein Kamel eher durch ein Nadelöhr gehe, als sie in den Himmel kommen würden. Besonders tadelnswert seien die Alten, die an den Tod und die ewige Pein nicht denken. Sorgen des Reichtums. Der alte Philosoph, der all seinen Besitz gegen Gold verkaufte und dies dann ins Meer warf. Der Reiche im Evangelium und Lazarus: ersterer nur wegen seiner Unmitteilsamkeit verdammt; um wie viel mehr, wer um des Gutes willen Unrecht begehe — 1110. Gegen die Armen, die*

b*

neidisch, lüstern, diebisch und faul sind. Die Unzufriedenen, die nicht für das ihnen zugesicherte Himmelreich danken! — 1166.

*Zweiter Teil: Betrachtungen zur Minderung des Stolzes* 1167 — 2058.

*Niedrigkeit des Menschen.* Tierische Brunst sein Ursprung, mit einziger Ausnahme von Adam und Eva. Sein erster Schrei ein Weinen. Elend des Lebens; daher Hiobs Wunsch, nicht geboren zu sein — 1304. Manche werden verkrüppelt geboren. Die anderen bringen schlechte Früchte, ungleich den Bäumen. Was durch des Menschen Leib geht, wird unrein. Zuletzt wird der Mensch wieder kindisch — 1434.

*Der Stolz das teuflischste aller Laster:* aus Stolz fiel Lucifer, wegen des Stolzes ward Adam vertrieben — 1554. Seitdem herscht auf Erden Stolz. Doch es wird am jüngsten Gericht die Strafe kommen. Gleichnis von der Sat und dem Unkraut. Beschreibung der Samen: der Teufel säte immer zwei Laster gegen eine Tugend, gegen Demut Stolz und Bosheit u. s. f. — 1776.

*Die Welt wäre durch den Stolz verloren,* wenn nicht die Burg der Maide wäre. Da sind die Schutzherrinnen Geduld und Demut. Sie führt seit Anfang der Welt Krieg gegen eine Stadt. In die Burg führt ein enger Pfad, in die Stadt ein weiter. Aber wer in die Burg kommt, wird am Eingang von der Pförtnerin Almosen erquickt. Milde hat das Seneschallamt. Freude, Höflichkeit und Mässigkeit lassen die Tische aufsetzen. Wahrheit und Gerechtigkeit richten. Gnade und Mitleid treiben die Strafen ein. Frieden und Treue wachen. Oben auf dem höchsten Turme sitzen Geduld, Demut und die Königin Gehorsam. Keuschheit sorgt für Reinheit der Lager. Wer in der Burg bleiben will, kann es ewig — 1894. Dagegen [ohne Uebergang; ist hier etwas ausgefallen?] führen Schande und Sünde ihre Gäste. An der Pforte begrüsst sie Tücke mit Schlägen. Spott stellt sie auf, Schmutz bringt die Zwehlen. Geiz das Brod. Kargheit ist Küchenmeisterin, sie schneidet jedes Stück in zwei oder drei. Vor dem Keller sitzt Völlerei. Trunkenheit bedient den Kaiser Stolz, der seine Tischgenossen mishandelt. Die Betten verteilt Wollust. Angeberei und Falschheit reden in den Gerichten, Trug entscheidet, Verrat rät. Lüge botschaftet. Treulosigkeit besetzt die Wege, Diebstahl und Hinterlist halten die Pforten. Habgier trägt den Seckel, Wucher borgt. Sodomie, Verläumdung, Schmeichelei, Verzweiflung und Trauer entfalten auf den Hochtürmen ihre Fahnen; Verläumdung und falscher Ruhm haben sie mit Schirmwehren umstellt. Im Kampfe trägt Neid die Fahne, das gefährlichste aller Laster — 1992.

Ueberall herscht Stolz. In England hat er sogar seine drei ältesten Töchter verheiratet: Neid, Wollust und Trunkenheit. Selbst das Schiff der Kirche ist dadurch erschüttert. Doch dies alles sagt der Dichter nur um zu mahnen, wie mancher Erzieher mehr androht als er selbst ausführen will. So hofft er auch durch sein Büchlein manche von der Stadt zur Burg hinzuführen — 2058.

*Dritter Teil: Vom Zustand der Kirche 2059—2662.*

*Allgemeine Sündhaftigkeit.* Der Mensch, durch die Taufe und Primsignation zum reinen Kinde Gottes geworden, verlässt bald sein weisses Gewand und wirft seine Kerze weg. Dass die Mutter Kirche ihn mit dem Vater zu versöhnen verspricht, beachtet er auch nicht. Sein ganzes Streben geht nach weltlichem Gewinn, nach einer Beute, die er doch niemals erjagen wird. Wehe der Welt! — 2194. Wehe, dass das Uebel vom Haupte kommt! Bitte an Christus, seine Braut nicht zu verlassen, das Schiff der Kirche zu steuern. Freilich gehen die Wogen hoch; aber Gott hält den Steuermann — 2260. Wir alle sollen diesem gehorchen. Aber leider sind seine Gehilfen habgierig über die Massen. Daher viele Tausende an dem Heile der Kirche verzweifeln. Dem Haupte muss das Gift in seiner täglichen Begegnung gefährlich werden, wenn auch Gott Heilung verschaffen kann, wo hundert Aerzte verzweifeln. Die Legaten sündigen in Habgier und Wollust, wenn sie ausgeschickt werden, um Frieden zu stiften — 2372. Allerdings soll der Pabst für den Frieden sorgen. Aber dies sollte auch friedfertig geschehen; nicht sollte Rom seinen grösseren Sohn gegen den kleineren hetzen, wie eben die französischen Ritter von den päbstlichen Legaten gegen die Tolosaner geführt würden. Petrus sei angewiesen worden, siebenundsiebenzigmal zu verzeihen. Weil die Kirche dies nicht beachte, daher der Sturm, daher die Zeichen vom Weltuntergang. Und dieser Krieg zwischen Christen finde Statt, ehe das h. Grab

gerettet sei. Manche der französischen Kreuzfahrer seien schlimmer
als ihre albigensischen Gegner. Und wenn diese ungläubig wären,
so sollte man doch die Unschuldigen nicht mit vertilgen, sondern
Gott am jüngsten Gericht die Scheidung und Vergeltung überlassen
— 2512. Kreuzzug. Grosse Schande, dass Damiette, einst so
glorreich von kleiner Schar gewonnen, nun verloren gegangen sei
wegen der Habgier der Kreuzfahrer, weil ein Clerk die Ritter
befehligen wollte. Der Pabst sollte selbst den Kreuzzug führen und
Jerusalem, das nun bald vierzig Jahre verlorene wieder gewinnen.
Aber der Wiedereroberer werde schon kommen: glücklich wer das
erlebe! Ermahnung an alle Fürsten den reichen Lohn der Fahrt
zu gewinnen. Auf jeden Fall will der Dichter nicht abstehen von
seiner Mahnung und mit gutem Werke Gottes Pfund wuchern
lassen — 2662.

Schluss: Evangelische Gleichnisse zur Aufmunterung 2663
— 3758.

Gleichnis von den anvertrauten Pfunden, die die verschiedene
Begabung der Menschen bedeuteten. So will auch der Dichter
seine Rednergabe nicht unbenutzt lassen — 2796. Zusammenfas-
sung alles bisher gesagten — 2838. Die Ernte naht. Wehe dem
trägen Arbeiter und dem der seine Mühe falsch anwendet. Beide
werden kein Korn haben. Nur éinem König will der Dichter
dienen; der wisse wol zu lohnen — 2920. Evangelium vom
Weinberg und den Arbeitern, unter denen die letzten so viel erhiel-
ten wie die ersten. Doppelte Auslegung: einmal seien unter den
früher gekommenen Abraham u. s. f. zu verstehen. So der Bischof
Moriz von Paris. Zweitens aber nach anderer lateinischer Quelle:
wer von Jugend auf dem Herren diene — 3120. Aber deshalb
dürfe man nicht säumen, weil auch dem Zuletztgekommenen der volle
Lohn versprochen sei. Man waffne sich wie Ritter, die einen
Ueberfall erwarten. Es kommt die Nacht, da niemand wirken kann,
der Tod. Man solle es nicht machen wie das Lasttier des Psal-
misten — 3220. Hinfälligkeit der menschlichen Freude, die sich
sofort in Trauer verwandele. Zum Beispiele dienen die Söhne
Hiobs, über deren Gelage das Haus zusammenbrach. Das Leben sei
nach Innocenz ein beständig Sterben. Daher preise Salomon die Toten
glücklicher als die Lebenden. Der Tod sei unvermeidlich — 3342.

*Der verlorene Sohn. Die Juden stellen den älteren Bruder dar,
die Christen den jüngeren, das geschlachtete Kalb Christus. Aber viele
leben noch wie der verlorene Sohn ohne das Brod des Gotteswortes.
Sie mögen Busse tun: ihre Reue wird Gott belohnen und die Engel
werden sich über einen Wiedergewonnenen mehr freuen als über
neunundneunzig Gerechte — 3664. Nochmalige Zusammenfassung.
Neue Aufforderung zur Busse. So sicher die Heilswahrheiten seien,
so wahr möge durch Gottes Gnade der Dichter zuletzt als ein treuer
Mehrer seines Pfundes erfunden werden — 3758.*

*In diese Inhaltsangabe sind auch die Stellen, nach denen die
Entstehungszeit des Gedichtes zu bestimmen ist, aufgenommen. Nach
VV. 159 ff. dichtete Guillaume sehr bald, nachdem der König
Ludwig (VIII.) von Frankreich im Kriege gegen die Tolosaner
gestorben war. Die Albigenser Kriege, die 1208 nach der Ermor-
dung Peters von Castelnau begonnen hatten, waren durch die Betei-
ligung der französischen Ritter und später auch des französischen
Königs zu Ende gebracht worden. Aber unmittelbar nach der voll-
ständigen Niederwerfung starb Ludwig, am 8. November 1226, zu
Montpensier in der Auvergne. Auf die sich hieraus für die Ent-
stehung des Gedichtes ergebende Zeit, Ende 1226 oder Anfang
1227, weist auch eine andere Angabe hin, die über den Zustand
des h. Landes und den Kreuzzug. Nach VV. 2592 ff. war Jeru-
salem beinahe volle vierzig Jahre in heidnischer Knechtschaft. Am
3. October 1187 hatte Saladin Jerusalem eingenommen. Weniger
genaue Bestimmungen ergibt ein einzelnes aus den letzten Kreuz-
zügen angeführtes Ereignis, die Besetzung von Damiette. VV. 2525 ff.
heisst es dann Damiate, von einer kleinen tapferen Schar erobert,
durch die Habgier und Unfähigkeit des im Christenheere befehligen-
den päbstlichen Legaten wieder verloren gegangen sei. Die Erobe-
rung Damiettes fand im November 1219 Statt, der Verlust im
August 1221. Ob der Dichter in seiner Verkündigung vom Nahen
des Wiedereroberers der heiligen Stadt VV. 2597 fg. auf Friedrich II
und seinen Kreuzzug vom Jahre 1228 hinweist, ist nicht mit
Bestimmtheit zu sagen.*

*Die Andeutungen über persönliche Verhältnisse, die der Dichter
im Besant gibt, werden im vierten Abschnitt besprochen werden.*

*Hier ist zunächst noch die Frage zu beantworten, wie das Gedicht
zu verwandten Schriften steht, ob es solche als Quellen benutzt hat.
Zahlreich sind namentlich die Bibelstellen, welche angeführt werden:
und zwar aus den Psalmen, dem Buche Hiob und dem Prediger,
sowie aus den Evangelien.*

*Eine Reihe dieser Stellen sind zugleich mit ihrer Deutung
oder den sich an sie anknüpfenden Betrachtungen unserem Gedichte
gemeinsam mit einem Werke, welches Guillaume selbst zweimal als
Quelle anführt.* 1251 *sagt er:*

> Car pere Innocent le me dist
> Qui ordena e fist l'escrit
> De la condicion humaine.

*Und noch einmal 3299:*

> Innocent dit que nos morron
> Desque a vivre comencon
> E que nus lesson a morir
> Quant nostre vie deit fenir.

*Der Gewährsmann ist Pabst Innocenz III, der noch vor seiner
Pabstwahl (1198)* de miseria conditionis humanae *geschrieben
hatte, s. Gesta Innocentii Cap. II. Die Schrift ist öfters mit den
übrigen des Innocenz, zuletzt allein herausgegeben worden von Jo.
He. Achterfeldt Bonn 1855 unter dem Titel* Innocentii III. de
contemptu mundi sive de miseria humanae conditionis libri tres.
*Aus dieser Schrift sind ganze Abschnitte des Besant entlehnt, wobei
die knappe, scharfe, antithesenreiche Sprache des Originals
ebenso um ein bedeutendes erweitert und verbreitert worden ist,
wie seine weltverachtende, alles Menschliche tief herabsetzende
Stimmung bei unserem Dichter gemässigt und gemildert erscheint.
Folgendes sind die Hauptparallelen, wobei die betreffenden
Bibelstellen nur durch Angabe ihres Ortes bezeichnet sind.
Bes. 246—248 = Inn. I 1 (Iob 10, 19). 332—336 = III 1*
Cui gratissimus erat amplexus in vita, molestus etiam erit aspe-
ctus in morte. *409 ff. = I 20* De hostibus hominis. Militia
ergo est vita hominis super terram *(Iob 7, 1).* An non vera
militia est, cum multiplices hostes semper undique insidientur
ut capiant, persequantur ut perimant, daemon et homo, mundus
et caro? Daemon cum vitiis et concupiscentiis, homo cum

bestiis, mundus cum elementis, caro cum sensibus. 413 = II 22
De generalitate luxuriae. Familiaris est inimicus, habitans non
procul sed prope, non exterius sed interius. 959 — 961 = I 16
Labor in acquirendo, timor in possidendo, dolor in amittendo
mentem eius semper fatigat, solicitat et affligit. 1175 — 1259
*vgl. die Capitel* I 3 De vitio conceptionis, 4 De conceptione
infantis, 5 Quali cibo conceptus nutriatur in utero. 1270 — 73
= I 8 Si quis autem indutus ingreditur, attendat quale proferat
indumentum. Turpe dictu, turpius auditu, turpissimum visu.
Foedam pelliculam sanguine cruentatam. 1274. 1275 = I 7
Omnes nascimur ejulantes ut nostram miseriam exprimamus.
1276 — 82 = I 1 (Iob 3, 11. 12). 1308 = I 8 Nudus egre-
ditur . . pauper accedit. 1310 — 20 = I 6 Quidam enim tam
deformes et prodigiosi nascuntur ut non homines sed abomina-
tiones videantur. 1321 — 1400 = I 9 Quem fructum homo
producit . . Herbas et arbores investiga. Illae de se produ-
cunt flores et frondes et fructus, et heu tu de te lendes et pedi-
culos et lumbricos. Illae de se fundunt oleum, vinum et balsa-
mum, et tu de te sputum, urinam et stercus. Illae de se
spirant suavitatem odoris, et tu de te reddis abominationem
foetoris. Qualis est ergo arbor talis est fructus. 1409 — 1434
= I 11 De incommodis senectutis. Si quis autem ad senectu-
tem processerit, statim cor ejus affligitur et caput concutitur,
languet spiritus et foetet anhelitus, facies rugatur et statura
curvatur, caligant oculi et vacillant articuli, nares effluunt et
crines defluunt, tremit tactus et deperit actus, dentes putrescunt
et aures surdescunt. Senex facile provocatur, difficile revocatur,
cito credit et tarde discredit, tenax et cupidus, tristis et queru-
lus, velox ad loquendum, tardus ad audiendum, sed non tardus
ad iram, laudat antiquos, spernit modernos, vituperat praesens,
commendat praeteritum, suspirat et anxiatur, torpet et infirma-
tur. 3237. 38. 45 — 77 = I 23 De inopinato dolore. Semper
enim mundanae laetitiae tristitia repentina succedit. Et quod
incipit a gaudio, desinit in moerore . . Experti sunt hoc liberi
Iob, qui cum comederent et biberent vinum in domo fratris sui
primigeniti, repente vehemens ventus irruit a regione deserti et
concussit quatuor angulos domus, quae corruens universos oppressit.

(*Vgl.* Iob 1, 18. 19) Merito ergo pater aiebat: Versa est in
luctum cithara mea et organum meum in vocem flentium (30. 31).
Melius est enim ire ad domum luctus, quam ad domum convivii
(Eccl. 7, 3). 3295—98 = I 24 Mille anni ante oculos morien-
tis tanquam dies hesterna quae praeteriit. 3299—3311 = I 24
Morimur enim dum vivimus semper et tunc tantum desinimus
mori cum desinimus vivere. Melius est ergo mori vitae quam
vivere morti, quia nihil est vita mortalis nisi mors vivens. Unde
Salomon: Laudavi magis mortuos quam viventes et utroque feli-
ciorem judicavi qui needum natus est (Eccl. 4, 2. 3).

*Noch einen anderen Gewährsmann führt Guillaume V. 3073*
*an, le bon evesque de Paris Maurice. Es ist dies Moriz von*
*Sully, der als Nachfolger des Petrus Lombardus 1160 das Pariser*
*Bistum übernahm und 1196 starb.*) Obschon besonders berühmt*
*als Erbauer der neuen Kathedrale Notre Dame, ist er doch auch*
*literarisch bedeutend: noch jetzt sind von ihm lateinische Predigten*
*erhalten, mit französischer Uebersetzung aus ziemlich gleicher Zeit*
*s. Daunou in der Hist. litt. 15, 149—158.*

*Endlich ist der genauen Uebereinstimmung zu gedenken, welche*
*zwischen einer Allegorie Guillaumes und der eines gleichzeitigen*
*Dichters herscht, ohne dass sich entscheiden liesse, wer Vorgänger*
*und wer Nachahmer gewesen. Die drei Feinde des Menschen*
*schildert auch Robert Grosseteste, Bischof von Lincoln, gestorben*
*in hohem Greisenalter 1253, im Chasteau d'amour, von welchem*
*eine Ausgabe oben S. 6 angeführt worden ist.*

> 787 Franche pucele reine,
>     De refui forte fermine,
>     A toi est maline [l. m'alme] venue.
>     Ki a ta porte huche e hue,
>     Hue, huche e hue e crie
>     "Duce dame, aie, aie! . . .
>     Dehors ton chastel sui asis
>     De trois de mes enemis.

---

*) *Unbegreiflich, wie Hippeau, Bestiaire p. 70 von Moriz sagen konnte:*
qui occupa le siège épiscopal de 1118 à 1185.

C'est li diables e li mund
E ma char qui me somunt
Trestut ades de mau fere.
Mut funt a m'aume contrere.
Grant parlement ont tenu.
Li diables est prime venu
K'a trois hosts enmi [*l.* en mei] se dresce:
C'est orgoil, ire e peresce.
Li munz ad dous a sa devise,
C'est envie e coveitise,
E la char que tant se plie
A fou delit e glotunie *u. s. f.*

---

# III. DIE ÜBRIGEN WERKE DES DICHTERS.

*Guillaume sagt im Besant V. 80. 81, dass er einst Fabliaux gedichtet habe und Erzählungen vorzutragen pflegte. Ein Muster dieser seiner Dichtungen ist erhalten im Fabliau "Vom Priester und Alison", welches Méon in seinen Fabliaux et Contes 4, 427 veröffentlicht hat. Auch hier gibt der Dichter in der Einleitung an, dass er vieles derartiges gedichtet habe.*

 *V. 4.* Guillaume qui souvent se lasse
  En rimer et en fabloier,
  En a un fait, qui molt est chier,
  De la fille d'une borgoise
  Qui meint en la rivière d'Oise.

*Maitre Alexandre, Kapellan von S. Cire, geboren zu Ardes zwischen S. Omer und Calais, verliebt sich in Marion, Tochter einer Gemüsehändlerin, der Dame Mahaut. Diese schiebt die Dirne Aelison unter und ihre Dienerin Hercelot ruft durch angelegtes Feuer die Bürger herbei, welche den verliebten Kapellan tüchtig durchprügeln. Am Ende nennt sich der Dichter nochmals Guillaume li Normanz. Das Fabliau hat nicht eben viel von der Grazie, mit welcher sonst die Franzosen gerade diese Dichtungsart*

c\*

*behandeln. Schlicht und derb, mit offenbarer Schadenfreude wird
die Geschichte, die wirklich vorgefallen zu sein scheint, vorgetragen.
Bemerkenswert ist eine Reihe von Einzelheiten, die für das tägliche
Leben und den Verkehr bezeichnend sind.*

*Das zweite weltliche Gedicht, welches der Dichter durch nähere
Bezeichnung als sein Eigentum sicher gestellt hat, ist der Roman
von Fregus.* F. Michel hat ihn herausgegeben unter dem Titel
Le roman des aventures de Frégus par Guillaume le clerc,
trouvère du XIIIᵉ siècle. Edimbourg, imprimé pour le club
d'Abbotsford 1841. *Die Ausgabe ist ein reiner Abdruck der
einzigen Handschrift, die sich auf der kaiserlichen Bibliothek zu
Paris befindet als Ms. franç. 1553 (anc. 7595); nur im Anhang
sind einige Verbesserungsvorschläge angegeben. Und doch bedarf der
handschriftliche Text, der schon durch seine picardische Schreibung
dem Original fern steht, einer vielfachen Nachbesserung. Da über-
dies die bisherige Ausgabe nur in einer äusserst geringen Zahl von
Exemplaren gedruckt und dem Buchhandel vollständig entzogen ist,
so wird eine neue correctere, die zugleich mit der mittelniederländi-
schen Bearbeitung\*) erscheinen soll, wol auf freundliche Aufnahme
rechnen dürfen. An sich gehört Guillaumes Roman zu den bessern
seiner Gattung. Ein einfacher, durch Episoden nicht sowol ver-
wickelter, als vielmehr nur aufgehaltener Plan; edle Charaktere;
eine einfache, reine Sprache: dies alles macht den Fregus zu einer
angenehmen Lectüre. Dabei ist ein Punct für die Charakteristik
des Dichters von besonderer Wichtigkeit. Fregus, der Held, der
sich durch unermüdliches Streben und Kämpfen die Aufnahme in
die Tafelrunde und die Hand einer schönen Königin erwirbt, ist
wenigstens väterlicherseits der Sohn eines Bauern. Wol kommen
Bauern auch in anderen altfranzösischen Gedichten als tüchtige
Kämpfer zu Ehren; allein sie stehen dann stets neben oder vielmehr
hinter den Haupthelden, sind Diener eines Herrn, dem sie mit
unerschütterlicher Treue anhangen. Auch haftet ihnen, schon in der
Wahl ihrer Waffen u. a. etwas Komisches, Unhöfisches an, was sie*

---

\*) *Die bisherige Ausgabe dieser Bearbeitung von* L. G. Visscher:
Ferguut, ridderroman uit den fabelkring van de ronde tafel, Utrecht 1838
*ist als ganz ungenügend allgemein anerkannt.*

*wenigstens nie zu vollen Ebenbürtigen der Ritter werden lässt. Ganz anders Fregus, der zuletzt selbst von der Blume der Ritterschaft, von Gauwain als vollkommen gleichberechtigt anerkannt wird. Um so bedeutungsvoller wird dieser Zug, wenn es sich wirklich wahrscheinlich machen lässt, dass der Roman nicht auf sagenhafter Grundlage beruht, sondern eine freie Erfindung des Dichters ist; darauf weisen allerdings einerseits die aus Chrestiens Werken, namentlich dem Erec entlehnten Einzelheiten; andererseits die mit der Karlssage gemeinsamen Namen Galiene, und vielleicht auch Fregus (= Ferragus?) Am Schlusse des Fregus (bei Michel S. 273 Z. 12. 13) hat sich der Dichter bezeichnet*

> Guillaumes li clers trait a fin
> De sa matere e de sa trueve.

*Seine Heimat dagegen, wie im Fabliau nennt er in einem dritten Werke, welches den Uebergang von seiner weltlichen Dichtung zur ascetischen bildet. Es ist dies der Bestiaire, eine Sammlung von meistenteils wunderbaren Erzählungen über Tiere, auch Vögel, Fische, selbst Steine, deren Eigenschaften mystisch gedeutet werden. Auch dieses Werk Guillaumes ist bereits herausgegeben: nicht ganz vollständig bei Ch. Cahier und A. Martin, Mélanges d'archéologie, d'histoire et de littérature. 4 Bde. Paris 1847-1856 im Bd. 2, S. 85 ff.; 3, 203 ff.; 4, 55 ff.; und vollständig, aber nach der schlechtesten Handschrift und in einer ganz ungenügenden kritischen Behandlung (selbst in der Verszählung sind mehrfache Fehler begangen worden) in dem XIX. Bde der Mémoires des Antiquaires de la Normandie, auch besonders erschienen unter dem Titel:* Le bestiaire divin de Guillaume, clerc de Normandie, trouvère du XIII° siècle, publié d'après les Manuscrits de la bibliothèque Nationale avec une introduction sur les bestiaires, volucraires et lapidaires du moyen-âge, considérés dans leur rapport avec la symbolique chrétienne p. M. C. Hippeau. Caen 1852. *Auch diese Ausgabe ist jedoch jetzt im Buchhandel so gut wie unerreichbar. Es würde daher eine neue, wirklich kritische Ausgabe nicht unverdienstlich sein. Bekannt sind bis jetzt zwölf Handschriften, welche ich um so mehr von neuem aufzähle, als sie bei Hippeau, in der Anmerkung zu S. 12 unvollständig und mehrfach fehlerhaft bezeichnet worden sind. Doch macht die Anordnung, in der sie hier auf einander folgen, auf kritischen Wert keinen Anspruch.*

*Auf der kaiserlichen Bibliothek zu Paris befinden sich:*

*a) Msc. franç. 14964, früher Suppl. fr. 660. Perg. klein 8°. Eine Spalte auf der Seite zu 28 Zeilen. Wol noch dem XIII. Jahrhundert angehörig, obschon die Jahreszahl 1267, die auf dem Vorblatte eingeschrieben ist, mit Unrecht aus einer Stelle der dem Bestiaire voraufgehenden Image dou monde gefolgert ist. Miniaturen. Es fehlen viele Blätter und damit die Verse des Druckes 571—614. 721—766. 985—994. 1055—1098. 1309—1351. 1407—1498. Der ganze Abschnitt XXIII (wie in e). 2244—2287. 2402—2465. 2546—2593.*

*b) Ms. fr. 902, früher anc. f. 7268 3a3 und Colbert 3745. Pergam. XIV. Jahrh. 4°. 2 Spalten von 46 ZZ. Der Bestiaire findet sich Bl. 136—159. Ueber die Hs. s. P. Paris, Les manuscrits François de la bibl. du Roi 7, 199. Diese Hs. liegt bei Cahier und Martin zu Grunde.*

*c) Ms. fr. 25408, früher N. D. 273 bis. Aus dem XIII. und XIV. Jahrh.; der Bestiaire ist nach einer Unterschrift 1260 geschrieben. Perg. klein 8°. Der Bestiaire nimmt Bl. 63ᵛ bis 107 in je zwei Spalten auf einer Seite ein. Diese Hs. ist es, welche Hippeau abgedruckt hat.*

*d) Ms. fr. 1444, anc. f. 7534. Perg. XIV. Jahrh. gross 4°. 2 bis 3 Spalten zu 40 ZZ. Der Bestiaire reicht von Bl. 240 bis 256, ist aber unvollständig erhalten: der letzte Vers ist* Du val k'est hideus et parfont *(Vgl. Druck V. 3045).*

*e) Ms. fr. 24428, früher N. D. 193. Perg. XIV. Jahrh. 4°. 2 Spalten zu 35 Zeilen. Miniaturen. Der Bestiaire von 54 bis 78 (eigentlich 79).*

*f) Ms. fr. 14970, früher Suppl. fr. 632|23. Perg. XIV. Jahrh. 8°. 2 Spalten zu 32 Zeilen. Miniaturen. Bestiaire Bl. 1—35ᵛ.*

*g) Ms. fr. 14969, früher Suppl. fr. 632|25. Gegenwärtig auf der kaiserlichen Bibliothek als en déficit angegeben.*

*h) Hippeau führt noch an anc. f. 7882. Diese Hs. ist gegenwärtig Ms. fr. 1878, eine Papierhs. des XV. Jahrh., welche*

nichts enthält als L'horloge de sapience, eine Prosaschrift des Domi-
nikaners Jehan de Soubshairbe.   Dagegen kennt Hippeau nicht das
schon von Cahier und Martin benutzte Ms. fr. 20046, früher
S. Germ. 1985 (Coislin. 2738).   Geschrieben 1338.   Perg. 8°.
40 Blätter, 2 Spalten zu 32 Zeilen.   Der Bestiaire endigt 36ᵛ.
Stimmt mit b, auch darin, dass unmittelbar darauf die poetische
Ausführung des Psalms Eructavit folgt.

Ueber drei englische Hss. des Bestiaire hat F. Michel berichtet
in den Docum. med. sur l'histoire de France. Rapports au Ministre.
Paris 1839. SS. 56. 119. 143.   Es sind die folgenden:

i) Brit. Mus. Old Royal 16 E VIII. Perg. XIII. 8°.

k) Ms. Cotonn. Vespasian A VII. Perg. XIV. 2 Spalten.
Miniaturen.

l) Ms. Bodl. Nr.? früher in Besitz von F. Douce. Perg.
XIII. Fol. 2 Spalten. Der Bestiaire Bl. 63 bis 82.

Dazu kommt endlich m) eine Hs. welche sich früher im Besitz
von Techener in Paris befand, später nach Belgien an Barrois
verkauft worden ist.   Sie ist von P. Paris im Bulletin du biblio-
phile 2. Série 1836. Nr. 7 p. 243—248 beschrieben worden,
s. F. Wolf Jahrb. f. wiss. Kritik 1837 p. 139 ff.

Von einer altenglischen Uebersetzung unter den Mss. der
Bibliothek von Norlk [Norfolk?] spricht De la Rue, Bardes
u. s. f. 3, 23.

Auch im Bestiaire gibt sich der Dichter mit Namen und
Heimat an, wie er auch nicht versäumt die Zeitumstände, unter
welchen er dichtete, und den Gönner, der ihn dafür belohnte, nam-
haft zu machen.   Es geschieht dies an drei Stellen des Gedichts,
von welchen die Handschrift, welche Hippeau hat abdrucken lassen,
nur die eine, in der Mitte des Gedichts befindliche beibehalten hat,
während sie den Anfang verkürzte und die Schlussdedication ganz
weg liess.   In der Verstümmlung des Eingangs steht sie ganz allein,
wogegen der Schluss auch noch in anderen Handschriften fehlt,
freilich von anderen Puncten an.   Beide Stellen teile ich nach i,
der Hs. des Brit. Mus. Old Royal 16 E VIII mit, indem ich
bemerke, dass ich deren Abschrift der Güte des Hrn. Edward Scott
verdanke.

Qui ben comence e bein define
(Co est verite seine e fine)
Eu totes ovraignes en deit
Estre loez qui que il seit.
Livre de boue comencalle,
Qui avra bone definale
E bon dit e bone matyre
Vielt Guillaume en romanz dire   [*l. mit den übrigen*
De bou Latin ou il le troeve.        *Hss.* escrire.]
Ceste ovraigne fu fete noeve
El tens que Phelipe tuit France,
El tens de la graunt mesestaunce
Qu'Engleterre fu entredite
Si qu'il n'i avoit messe dite
Ne cors mis en tere sacree.
De l'entredi ne lui agree
Que a ceste foiz plus en die
Por co que drieture mendie
E leaute est poivre e basse.
Tote ceste chose trespasse
Guillaume, que forment s'en delt
Qu'il n'ose dire coe qu'il veil [*l.* velt]
De la tricherie que crut [*l.* curt]
En l'une e en l'autre curt.
Mais a plus halt dire se prent.
Kar en cest livre vos aprent
Natures de bestes e mors
(Non de tutes, meis de plusors)
On mult avra moralite
E bon pas de divinite:
On l'em purra essample aprendre [*l.* prendre]
De bien fere e de bien aprendre
Rimez iert par consonancie.
Li clers fud nez de Normaudie,
Qui auctor est de cest romannz.
Or oez qui dit li Normanz.

*Die Schlusswidmung corrigiere ich nach den Pariser Hss.,
welche sie beibehalten haben: bh und af.*

Guillaume qui cest livre fist
En la definaille tant dist
De sire Raol son seignour,
Pur qui il fut en cest labor,
Qui [Qu'il *bhaf*] lui ad ben guerdone [*ah* guerredonne].
Pramis lui ad e bein dune,
Ben lui ad covenant tenu.
A Raol est ben avenu:
Car il ad son non aempli,
Ne l'ad mie mis en ubli.
Tel est come son non devise
E jo m'en lo de sun servise.
Cest non Raol sone graunt chose.
Or vus enprendrai [*l.* en aprendrai?] la glose.
Treis sillabbes i ad saunz plus,
Le Ra e le Dul e le Fus.
Le Ra est pris de racon [*bhaf* ratio]
E le Dul veint de dulcedo
E le teirce sillabe Fus
Dist autretaunt cume fultus.
Si le non est a dreit glose,
Fultus eirt en mileu pose:
Dunc eirt [*bhaf* Tunc erit] fultus undique
Racione, dulcedine.
Cest non Raol est apuie
E de raison e de pite.
Pite dulcor [*bhaf* P. e d.] e reison
Ont en son quer fait [*bhaf* faite] meison.
E deus lui ottreit par sa grace
Que il si bon ostel lor face
E tant les serve e tant les eint
K'en la haute [*bhaf* h. joie] ou deus meint
Puise monter a icel jor
Que li juste e li pecheur

Devaunt le juge tremblerunt

E lur jugement atendrut [*l.* atendrunt]. Amen

*Man erfährt also aus dem Eingange des Gedichts, dass es verfasst wurde während des Interdicts, welches Innocenz III. am 23. März 1208 über England verhängte und welches erst in der Mitte des Jahres 1213 aufgehoben ward. Noch genauere Zeitbestimmung ergibt sich aus einer etwa in der Mitte des Gedichts befindlichen Stelle 2518 ff.*

Quant l'auctor, qui rima cest livre,

Devoit ici endreit escrivre,

Mult esteit tristes e dolanz.

Quer il aveit passe [Car ja a. este *ef*] treis anz

Sainte iglise est [est *fehlt ef*] si dolerose

Et si mate et si paorose

Que mainz cuideient par folie

Que son espos l'eust guerpie:

Quer el n'osout le [son *ef*] chief lever.

Poi i entrout genz por orer [Anceis li conveneit cliner *ef*]

Par tote l'ile d'Engleterre.

Mult ert la dame en dure guerre

Par tot le reaume a cel jor

Et en peril et en dolor . .

*Der Dichter schrieb demnach den Bestiaire drei Jahre nach Beginn des Interdicts, 1211. Er schrieb ihn für seinen Herrn, sire Raoul. Man hat versucht diese so unbestimmt angegebene Persönlichkeit festzustellen. Allein abgesehen davon, dass wenigstens die von De la Borde und De la Rue vorgeschlagenen Raouls in dieser Zeit gar nicht mehr lebten, muss es sehr bedenklich erscheinen, ohne einen bestimmten äusseren Anhalt, den man schwerlich finden wird, irgend einen Träger des so häufigen Namens herauszugreifen. Es findet sich z. B. im Catalogue des Actes de Philippe Auguste, herausg. von Leop. Delisle (Paris 1856) eine lange Reihe von Raouls, von denen ein grosser Teil die Ehre beanspruchen könnte, Guillaumes Gönner gewesen zu sein.*

*Der Bestiaire steht nun zum Besant in einem ganz eigentümlichen Verhältnisse, welches mich hauptsächlich veranlasst hat, auf*

*die handschriftlichen Grundlagen des Textes so genau einzugehen,
als es mir überhaupt möglich war. Nachdem nämlich der eigent-
liche Gegenstand, die naturhistorischen Erzählungen und ihre mysti-
sche Deutung beendigt ist, und nachdem noch eine ziemlich allge-
meine Mahnung sich an die Zuhörer gewendet hat* (Seignors et
dames, genz nobire, 3230 ff.), *beginnt eine neue Anrufung*
(3240 Boone gent, que Dex bien vos face!) *und es folgen
ganz andersgeartete Betrachtungen, evangelische Gleichnisse mit Aus-
legung. Dieser Teil stimmt gröstenteils mit dem Besant überein,
und zwar meist wörtlich. Best. 3272 bis 3366 wird das Gleich-
nis von den anvertrauten Pfunden erzählt, wie Bes. 2675—2782;
und 3436—3732 das von den Arbeitern im Weinberge des Herrn,
ebenso wie Bes. 2917—3174. Am Schlusse werden 3910—15
die drei Feinde des Menschen angegeben, und kurz zusammengefasst,
was Bes. 405 ff. weiter ausgeführt ist. Endlich findet sich schon
im eigentlichen Bestiaire das Beispiel von dem Philosophen, der
seine Habe gegen Gold umtauscht und dies ins Meer wirft 2306
—71, wie Bes. 959—1038. Genauer gesagt, es stimmen fast
wörtlich Best. 2306. 7 mit Bes. 959. 960; 3272 = 2675;
3274—3353 = 2679—2768; 3354—57 = 2779—82;
3436—49 = 2917—32; 3452—87 = 2933—69; 3489
—3527 = 2973—3010; 3530—41 = 3011·-22; 3542
—45 = 3025—28; 3548. 49 = 3029. 30; 3551. 52 =
3031. 32; 3554 = 3033; 3556—59 = 3035—38; 3566
—68 = 3041—43; 3570—3635 = 3045—85; 3639—
3704 = 3087—3152; 3707—12 = 3153—58; 3718 =
3161; 3719—23 = 3163—67; 3727—32 = 3169—74.*

Diese wörtliche Uebereinstimmung ist namentlich bei zwei
Gedichten desselben Verfassers auffallend. Wäre der Besant de
Dieu nur die Ausführung des im Anhang des Bestiaire schon
gesagten? In diesem Falle würde der Dichter doch wol darauf
Bezug genommen haben, würde er überhaupt wol wörtliche Ueber-
einstimmung vermieden haben. Viel wahrscheinlicher ist, dass erst
ein Abschreiber die ihn besonders ansprechenden Stellen des Besant
dem zu allgemeinerer Verbreitung bestimmten Bestiaire anhängte.
Dafür spricht auch schon die ungeschickte Verbindung des Anhanges
mit dem ersten Teil und der Schlusswidmung. Der Verfasser dieses

d*

*Anhanges beruft sich zwar 3262 darauf, dass er (jo) im Anfange des Ganzen versprochen habe auch einen guten Schluss zu liefern. Es ist aber viel wahrscheinlicher, dass der Dichter im Eingang, indem er seinem Werke einen guten Anfang und ein gutes Ende nachrühmt, nur meint, es sei durch und durch gut: ebenso wenig wie er im Eingang etwas besonderes zu seiner Vorlage hinzugetan hat, wird er daran gedacht haben, am Ende noch etwas fremdes, besseres anzufügen. Ob dagegen die schon dem eigentlichen Bestiaire einverleibte Stelle vom Philosophen aus dem Besant entlehnt sei, ist damit nicht entschieden. Die grosse Verschiedenheit dieser Parallelstelle (es stimmen von 66 Zeilen nur 2 näher überein) lässt vielmehr die Annahme zu, dass hier der Dichter eine ihm besonders interessante Anecdote zweimal, aber eben deswegen ganz verschieden behandelt habe.*

*Es wirft sich natürlich sofort die Frage auf, ob die Vermutung dass der Bestiaire aus dem Besant interpoliert ist, sich etwa auch durch handschriftliche Ueberlieferung beweisen lässt, d. h. ob sich Handschriften finden, welche den Anhang nicht haben. Dies ist allerdings der Fall; aber die betreffenden Hss. lassen nicht nur den Anhang weg, sondern auch die notwendig vom Dichter herrührende Widmung an Herrn Raoul. Zudem schliessen sie an verschiedenen Puncten ab, die Hs. e (Pariser 24428) mit dem V. 3257, an welchen noch angefügt ist* Ici fenist li bestiaire Dout oi aveiz l'essamplaire; *die Hs. l (Ms. Douce) mit V. 3239. Dagegen haben die übrigen Pariser Hss. — sie sind oben S. XXV angeführt — und die des Brit. Mus. vor der Widmung auch den Anhang. Es bleibt daher in der Tat nur übrig anzunehmen, dass bereits das Urexemplar, aus welchem unsere sämmtlichen Hss. flossen, den Anhang hatte, also interpoliert war.*

*Dieser Anhang des Bestiaire muste allerdings auch zur Kritik des Besant herangezogen werden. In der Regel zwar bietet er, wie natürlich, einen schlechteren Text. So Best.* 3574 Donc lor enseigna Dex la lei *vgl. Bes.* 3049; 3576 Pierres et Pol, Johan, Andreu *vgl. Bes.* 3051; 3649 Et en poi d'ore deu labore *vgl. Bes.* 3097; 3660 Et sofert la peine et ore *vgl. Bes.* 3108. *An einigen Stellen kann er jedoch, wie S. X bemerkt ist, zur Verbesserung der Schreibfehler der Besanthandschrift benutzt werden.*

*Die bisher behandelten Gedichte sind alle durch einen Zusatz zum Namen Guillaume — entweder le clerc oder le Normand oder beides — als unserm Dichter angehörig sichergestellt. Man hat aber noch einige andere ihm zuweisen wollen, die entweder den Namen allein oder auch nicht einmal diesen tragen. Von den ersteren scheinen wenigstens zwei ihm allerdings mit Sicherheit anzugehören. Es sind dies die beiden Gedichte, von welchen in der Hs. des Besant das eine diesem Werke voraufgeht, das andere ihm nachfolgt. Das zweite verdient aus mehreren Gründen wol in einem umfänglicheren Auszug mitgeteilt zu werden, welcher zugleich durch eine Reihe von Uebereinstimmungen, ja durch eine bestimmte Bezugnahme auf den Besant selbst die Autorschaft unseres Dichters als unzweifelhaft herausstellen wird. Die Orthographie behandle ich nach denselben Grundsätzen wie die des Besant (s. S. IX).*

*Bl. 125ᵛ ²* [T *fehlt*] Reis moz qui me sont enchargez,
Dont jeo me sui trop atargiez
Que jeo nes ai dit e mustrez
E descoverz e entamez,
Vus dirrai se vus plest entendre:
E l'essample est bone a aprendre.
Mustre m'a l'evesqe Alisandre,
Qui autant, com la salemandre
Aime le feu e la chalor,
Aime curteisie e valor:
Que treis choses el siecle sont,
Qui a home mult grant mal font
E le chacent de sa meson.
*Nämlich* . . Fumee . . degot . . male moillier . .

*Und zwar werden diese moralisch gedeutet:*
La fumee de l'orgoil . . .
E quele est la degoteure
Qui par nuit e par jor li dure?
Certes ceo est la cuveitise,
Qui tuz jorz l'esprent e atise
De plus aveir, de plus conquerre
Richesces e honors en terre . .

E qui est si male moillier,

*Bl. 126* Qu'il ne puet mie chastier?

Ceo est sa char, nel dotez mie . . .

Ces treis vices (ceo est la some)

Chasserent hors le premier home . . .

    Seignors, si jeo n'eusse dit

En un autre livret petit,

Que jeo fis au [*l.* del?] monde despire,

Jeo me restuce por plus dire

D'orgoil e de sa fille ainznee,

Coveitise la forsenee,

E de luxure la malvese,

La desleiee, la puineise,

Qui plus ert amere que suie . . .

Une parole que jeo oi [*l.* j'oï]

*Bl. 127* Vus entreposerai ici

E se vus la retenez [*l.* reteniez?]

Meillors (ceo crei) en serrez [*l.* serriez?].

[U *fehlt*] ns home errot par un pais,

Qui esteit gastes e soltis,

Tant que il fu aparceu

D'une beste qui l'ot veu,

Qui mult est cruel e salvage.

Cele bele [beste] en nostre language

Si est apelee unicorne

Por ceo qu'el n'a que une corne

Grant e ague el front devant,

Dont ele maine orgoil mult grant.

Cele beste l'ome chaca.

E li fuianz tant s'avanca

Qu'il vit un arbre devant sei.

Cist hom aveit e faim e sei:

En [*l.* E en] cel arbre la amont

Aveit le plus biau fruit del mont,

Dont bien saoler se peust,

(Ceo li fu vis) se il l'eust.

Cil qui fueit devant la beste

De si q'a l'arbre ne s'areste:
Puis est mult tost amont rampe.
Autrement fust il atrape.
Quant la beste nel pot ataindre,
Si s'aparaille por remaindre.
Au pie del arbre l'a asis.
E cil qui a mult se fu mis [*Lücke?*].
Car de son arbre vit le pie
Trestut environ deschaucie
Si que les racines pareient
Dont les plusors rotes esteient.
E celes qui erent entieres
Rungoent dous bestes mult fieres:
L'une esteit neire e l'autre blanche.
Ne par nuit ne par jor n'estanche
Nule de ces dous de rungier
No de ces racines mengier.
Pres del arbre mains d'une teise
Aveit une mult grant falaise
Come une quarrere parfonde,
Ou le plus fier dragon del monde
Esteit. e aveit la dedenz
Crapouz, colovres e serpenz
Une trop grant infonte [infinite?].
A celui qui fu sus monte
Sembla que cel arbre charreit,
Si tost come ele crollereit,
En cele fosse tut a plain:
E cil [*l.* s'il] chaeit a l'autre main,
L'unicorne, qui l'atendeit,
Autresi tost le mengereit.
Or fu en grant peril cest las
E sa faim ne le lessa pas,
Qui peust bien resoagier,
Que il osast del fruit mengier,
Qui sus sun chief esteit pendant.
Mes s'il se meust tant ne quant

Solement demi pie amont,
L'arbre charreit tut en un mont
En la fosse, ceo li sembla.
En itel maniere trembla,
E s'aventure e son juise
Atendi en iceste guise.
Biau seignors, se ore veum [*l.* se or veium]
Un tel home, que feriom?
Ne li devrion nus aider
E a nos poeirs conseillier?
Oil veir, jeo respondrai primes.
Ore aidom donc a nos meïmes,
Qui somes en autretel cas!
En trestut le monde n'a pas
Un home que issi ne seit.
Pur ceo fust [*l. f.* il] reson e dreit
Que chescun se fust porveu
Ainz que son arbre fust chau.
Jeo sui en l'arbre e vus i estes:
Asis homes [*l.* somes] de males bestes.
'Or di Guillaume, biaus amis!
Coment i somes nus assis?'
En meie fei, jeol vus dirai:
Par essample le mosterai.
Le premier jor quo home est ne,
Est il en cest arbre monte.
L'arbre ceo est le cors de [*l.* del] home.
L'alme del cors [?] (ceo est la some)
Si tost com ele est al cors mise,
Si est del unicorne asise.
L'unicorne ceo est la mort,
Que james ne sera si fort
Ne si forment aracinez
Que au derain [*l.* Qu'au dacrain] ne seit finez
Par les dous bestes, que jeo dis,
Qui le pie li rungent tut dis.
Or vus di que ces bestes sont

Qui tut ades au pie li vont.
Par fei c'est le jor e la nuit.
Par la neire beste (ceo cuit)
Si devez vus la nuit entendre:
E por la blanche devez prendre
Le jor que chescun jor ajorne.
Car chescun jor fait une orne
E chescune nuit ensement
Vers le point de son finement.
Chescune nuit e chescun jor
Les vont ces dous bestes entor.
Ja de rungier ne fineront
Taut que l'arbre abatu avrunt.
Quant il prist hui a eschaicier,
Ot mains a vivre qu'il n'ot ier:
E le matin mains en aura.
Ja ceste lune ne faudra
Jesqu'il n'i aura mes rascine
Ne contre la mort medicine.
Le sage home entent bien e veit
Quel part son arbre chair deit:
Si [l. Si se] porveit e se porpense
Com il porra aveir defense
Qu'il ne chiece sor le dragon
En la tenebrose prison,
Qui est plus freide que nul marbre.
Tant dis com il est en [l. mis en] l'arbre
E qu'il a rascines entieres,
Fait ovraignes que deus a chieres:
Geune, almone e oreison
En fei e en confession
Qui li defent [l. defendent] au chaeir

Bl. 128    Que le dragon n'i a poeir.
Tant se porveit, tant se travaille
Ainz que sa rascine li faille.
Ne li chaut quant a terre vienge
Ne quant l'unicorne le tienge.

Car puis que il l'aura ocis
Sera il tuz sains e toz vis
E si verra deus [l. deu] en sa face.
Mes poi i a qui si le face.
Li sages hom issi le fait:
Mes li fols autre veie vait.
Car il ne se porpense mie,
Tant com il est en ceste vie,
Quel part son arbre chaeir deit.
Au fruit que sor sa teste veit
Monte en haut e tant se delite
Que ja une horette petite
Vers le pie no gardera [l. regardera?],
Saveir quant son arbre charra
En la fosse ou le dragon maint.
E issi avint il a maint.
Certes issi font ui plusors,
Qui tant coveitent les honurs,
Les baillies o les richesces
E les terienes hautesces,
Que d'aval garder ne lor chaut.
Ces montent en l'arbre trop haut:
E il charront si sodeement [l. sodement]
Que ja ne lor faudra turment.
Li sages hom nel fait pas si:
Tant dis com il est [l. est mis?] ici,
Totes les joies de cest mont,
Qui come fumee tresvont,
Desdeigne e despit e refuse.
Au fruit del arbre pas ne muse
(Ceo est terienes delices,
Qui totes sunt plaines de vices):
Ne [l. Il ne] s'i prent ne ne s'enlace.
Mes cil a finement [finalment?] la grace
Nostre seignor, qui issi ovre.
Dragon ne serpent ne colovre
N'aura ja de s'alme baillie,

Quant la force est au cors faillie:
Anceis ira mult bele veie

. . . . . . . . . .

Por deu, seignors, femmes e homes!
Nus qui uncore en l'arbre sumes
E avon este [l. este ja] grant piece,
Porveon nus ainz que il chiece!
Nus qui tanz jors avon veu
E tantes nuz [l. nuis] avon jeu
En pecchie e vilainement,
E veom bien apertement
Que le pie de nostre arbre faut:
Ne gardon l'ore qu'il s'en aut
En la fosse sor le dragon!
Por amur deu que atendum?
Se nus fuisson verai confes
E il chaist tut a un fes
Uncor ne nus peust chaleir.
E quant rien ne nus puet valeir
Fors la confession verraie
E satisfaction e paie
De tant come nus poon rendre,
Nus qui ja somes pudre e cendre
E n'avom mes rascine entiere
E bien veom en la quarire
Le mal dragon qui nus atent,
Sor qui nostre arbre cline e pent,
Que atendum? ceo est merveillie
Certes, que home ne s'esveille.
Si m'ait deus, jeo m'esmerveil
Que jeo meimes ne m'esveil.
Mes jeo e maint somes trai
Par les treis vices que jeo di,
Qui tant sont contrarios a deu.
Fols somes qui lor donon lieu,
Fols somes qui les acoillon.
Mielz fust que nus les chacion

Certes que il chascassent nos.
Deus, por quei est home orgoillos?
Pur quoi coveite plus qu'assez?
Pur quei n'est il james lassez
De faire de son cors laidure
De malveste e de luxure? . . .

*Bl. 129* . . . Vus ai ces treis moz recitez,
En tele maniere enditez,
Que bien poez aparceveir,
Se jeo vus di reson e veir.

[O *fehlt*] mnia si penses, homo dignior invenietur,
Cujus ad officium cuncta parata vides.
Omnia si trutinas, homo vilior invenietur:
Parent cuncta deo: solus oberrat homo.

[L *fehlt*] a plus digne chose qui seit,
Qui parfont ilsgarde [*l.* i esgarde] e veit,
Ceo est homo sanz nule dote.
Car l'autre creature tote
Li obeist oltreement
E est a son comandement.
E se bien garde vus prenez
E en vostre quer en pensez:
Home est la plus vil rien del monde,
Qui deust estre la plus monde.
Car tote l'autre criature
Obeist solonc [*füge ein* sa] nature
Plus a deu que home ne fait.
Ceo me semble mult grant forfait
Quant home siet que il deit faire
E il ovre tut a contraire:
E la beste qui n'en seit rien
Sert e obeist e fait bien
Le servise que faire deit.
Donc deit home perdre par dreit
Sa noblesce e sa dignete
E estre tut desherite,

Sanz revenir al heritage
Qu'Adam perdi par son oltrage.
Explicit.

*Dass De la Rue, Bardes 2, 272 ff. dies und das folgende Gedicht Guillaumes sowie das zweifelhafte Nr. 14 einem G. Hermans beigelegt hat, ist bereits S. II erwähnt. Erst V. Le Clerc hat dies Gedicht ebenso wie die übrigen der Handschrift, welche den Namen Guillaumes tragen, unserem Dichter zugeschrieben, Hist. litt. 24, 253. 258. Schon Inhalt und Stil führen darauf hin: die durchgeführte Allegorie, die häufige Frageform, die lebhafte Mahnung an die Zuhörer* (seignors, femes e homes!). *Dazu kommen ganz bestimmte Hinweisungen auf den Besant. Bl. 126 im Anfang sagt der Dichter, er habe in einem andern Büchlein schon von der Verachtung der Welt gesprochen: es ist dies der Besant, der V. 2045 auch* livret *genannt wird und nach V. 156 bestimmt ist* Lehre zu geben del monde haïr e despire; *vgl. auch V. 2776. Das Thema zu dieser neuen Betrachtung hatte der Dichter von einem Bischof Alexander erhalten: es kann dies kein anderer sein als Magister Alexander de Stavenby, der Ostern 1224 zu Rom von l'abat Honorius III zum Bischof von Lichfield und Coventry geweiht wurde und am 26. Dez. 1238 zu Andover starb s. (H. Wharton) Anglia sacra 1, 437 ff. Das Thema selbst stammt jedoch aus der oben angeführten Schrift Innocenz III* de miseria humanae conditionis *B. I Cap. 18:* Tria sunt enim quae non sinunt in domo permanere: fumus stillicidium et mala uxor. *Ueber anderweitige Bearbeitungen und die orientalische Quelle der eingeschobenen Parabel vom Wanderer und seinen Feinden Einhorn, Drachen, Mäusen hat V. Le Clerc Hist. litt. 24, 257 gehandelt. Eine andere altfranzösische Bearbeitung ist neuerdings veröffentlicht worden:* Le dit de l'unicorne et del serpent en vieux Picard, *p. p.* Wollenberg, Berlin 1862. 4° *(Festschrift des französischen Gymnasiums).*

*Auch bei der dem Besant in der Pariser Hs. 19525 voraufgehenden Dichtung scheint die Autorschaft unseres Guillaume sicher. Sie schildert die Geburt Christi und die Freude seiner Mutter Maria. Anfang*

*Bl. 86*ᵛ ²     A la loenge e al honur

De nostre soverain seignur

E do sa duce mere chiere,

Qui nus aporta la lumere,

Qui nus geta hors d'oscurte

E [zu streichen] de pour a seurete,

Vuus comenz une chose liueve . . .

*Bl. 87*     El tens Otovien de Rome,

Qui fu tenu al meillur home

E al plus noble e al plus sage

E au plus riche de curage,

Al plus vaillant e al plus fort

Qui unc eust guste de mort,

E [zu streichen] out en son empire tel pes,

Ne quit que tele i ait james.

Car si vus portissiez or fin

Ne en veie ne en chemin

Ne en lieu ou vus alissiez,

Un robeur ne trovissiez.

Tant ert Otoviens amez,

Tant ert cremuz e reclamez . . .

Mult fu Otoviens vaillanz.

Si Cesar fu plus bataillanz,

Il nel passa pas de valur.

Unc devant lui n'i out meillur.

Mais puis i a il maint eu

Que damnodeu a receu [*l.* recreu]

E maint cuvert e maint felon,

Si com fu Crassus e Nerron

E Tarquien [*l.* Tarquinien] e plusurs

Qui de Rome furent seignurs.

Rome selt anciencment

Justisier par comandement

Quanque a desuz la rundesce.

Car partut deit faire destresce [?]

Rome: si est d'antiquite

La plus admirable cite

E le chief del monde tut dis.
Qui veist les murs d'arein bis,
Les theatres e les arvols,
La ou les sages e les fols
Soleient ja dis asembler:
Merveille li peust [*l.* puist?] resembler —
E des temples e des paleis
Ou l'em peust cure d'esleis [?]
Chevals de Hungrie e d'Espaigne
Ausi com [*schalte ein* en] une champaigne.
Qui des merveilles voldreit dire,
E del ascoter e del lire
Serrait ennuie [*l.* ennui] oltre mesure.
Jeo ne puis pas ne jeo n'ai cure
Ne jeo ne sai tut reciter.
Mes treis merveilles voil cunter
Qui avindrente en la cito . . .

*Nämlich der Tempel der Concordia vom Clerc Virgil gemacht,
ein Palast und eine* Taverne *par devers le* Teivre.

90ᵛ³ . . . Benecite seit icele nuit!
Beneesquir la devum tuit.
Car anceis qu'ele fust venue,
Fu ele en grant cherte tenue
E mult hautement celebree
E fu modreniest apelee
En l'isle de la grant Bretaigne
Sanz prophete e sanz enseigne
Que il en eussent eu.
Meis issi out dieus porveu
Que cele nuit fust celebree
Ainceis qu'ele fust demustree . . .

95ʳ¹ Seignors, por deu or m'entendez
E de ma parole amendez,
S'ele est resnable e dreiture [*l.* dreituriere!]
Ne faites vus vostre preiere . . .

95ᵛ¹ Saluez ceste gloriose,

Ceste dolce, beneurose:

E por Guillaume requerez,

Qui fist ces vers que vus oez,

Que cele dolce dame l'oie

Quant il li ramenteit la joie,

Que li anges li destina . . .

95ᵛ² Tuit cil qui [*schalte ein* la] salueront

E por Guillaume preieront,

Qui ces joes li rementut

Aucune feiz, quant il li lut,

Puissent a la joie partir,

Ou li apostre e li martir

E li ami dieu regneront

Quant tutes choses fineront.   Explicit.

*Auch hier finden wir die Eigentümlichkeiten Guillaumes de Normandie wieder: sein selbstgefälliges Ausbreiten einer nicht allzu tiefen Gelehrsamkeit, seine unruhige, in lang ausgedehnten Sätzen sich bewegende Erzählungsart; auch Reime wie* evangire: martire *(91ʳ1), Ausdrücke wie* picher *(91ᵛ²) erinnern an den Besant. Die Bekanntschaft mit englischen Sitten und Ausdrücken kann bei ihm nicht auffallen, da er im vorbesprochenen Gedichte einen englischen Gönner nennt, wahrscheinlich also damals in England war.*

*V. Le Clerc hat a. a. O. aber auch noch andere Gedichte derselben Hs., welche einen Guillaume als Verfasser nennen, insbesondere das Leben der Maria Magdalena unserm Dichter zuschreiben wollen; wol mit Unrecht, da nichts in diesen Gedichten auf unseren Dichter führt, sie vielmehr durch die Leere des Inhalts und die Farblosigkeit der Darstellung von der starken Eigenart desselben abstechen.*

*Ebenso unbegründet ist es, wenn De la Rue, Bardes u. s. f. 3, 32 und ihm folgend die meisten späteren, die von Guillaume handeln, ihm das Fabliau* De la male honte *zuschreiben, welches bei Méon 3, 210 abgedruckt ist.  Méon hatte zu V. 150*

Ce dit Guillaume en son conte

*vorsichtigerweise nur bemerkt:* Je ne connois point ce G. à moins que ce ne soit Guillaume le Normand, auteur du fabliau du

prestre et d'Alison. *Der Stoff des Fabliaus ist übrigens noch ein-
mal behandelt worden s. Méon 3, 202: hier nennt sich der Dichter*
Hues de Cambrai. *Er scheint das Fabliau Guillaumes benutzt zu
haben: wenigstens stimmt der Schluss mit diesem überein und zwar
so, dass sogar Wendungen wiederholt sind, die nur auf die Erzäh-
lung Guillaumes passen.*

*Selbst Gedichte, die nicht einmal den Namen Guillaumes tragen,
hat man unserem Dichter beilegen wollen. So hat Paulin Paris,
Les manuscrits de la bibliothèque du roi, Bd. VII (Paris 1848)
p. 199 in der Ueberschrift zur Beschreibung der Hs. 7268 ³a³
(s. oben Bestiaire Hs. b) und im Register das darin auf den Bestiaire
folgende Gedicht, eine Paraphrase des Weihnachtspsalms (XLIV)
Eructavit ebenfalls Guillaume zugeschrieben. In der Inhaltsangabe
selbst ist jedoch von dieser Vermutung gänzlich Abstand genommen;
und in der Tat ist sie auch durchaus unerweislich. Vielmehr spricht
schon die Persönlichkeit, für welche das Gedicht verfasst ist,
dagegen. Es beginnt*

> Une chanson que David fist,
> Que nostre sire el cuer li mist,
> Dirrai ma dame de Champaigne.

*Es ist dies vielleicht die Gräfin Blanca, Tochter Sanchos VI
von Spanien und Gemahlin Thibauts III, welche 1200 oder 1201
starb und auch sonst als Liebhaberin religiöser Poesie erscheint
s. W. L. Holland, Chrestien de Troies S. 55. Auf jeden Fall
aber liegt die Champagne ausserhalb des sonstigen Wirkungskreises
unseres Dichters.*

*Derselbe ungenügende Grund, wonach hier ein Gedicht Guil-
laume beigelegt ist, blos weil es in einer Handschrift auf ein
anderes sicher bezeugtes desselben Autors folgt, hat Hrn. P. Paris
auch veranlasst eine Complainte d'amour auf seinen Namen zu
setzen. Er sagt im Bulletin du bibliophile, Paris (Techener) 1836
S. 246 von dieser Dichtung:* Elle roule sur une ingénieuse com-
paraison, que le poète fait de sa dame à l'étoile polaire,
nommée la Tramontane. Venant à la suite des deux poèmes
connus de G. le N. on peut conjecturer qu'elle est aussi de ce
poète. *Dagegen hat sich auch sofort F. Wolf in seiner Kritik*

*der* lais inédits *von F. Michel (Jahrbuch für wissenschaftliche Kritik 1837. S. 139 fg.) ausgesprochen.*

*Die von De la Rue, Bardes u. s. f. 1, 20 ausgesprochene Vermutung, dass der lai de l'espine von Guillaume herrühre, ist bereits von B. de Roquefort in der Vorrede zu den Poésies de Marie de France p. 40 bekämpft und von dem Urheber selbst später mit Stillschweigen übergangen worden.*

*Ganz grundlos ist endlich, was De la Borde in seinen Essais sur la musique 2, 198 über unsern Dichter aussagt:* On dit aussi qu'il a fait des chansons.

---

# IV. LEBEN UND CHARAKTER DES DICHTERS.

*Wie bei fast allen nordfranzösischen Dichtern ist man in Betreff der Lebensverhältnisse Guillaumes wesentlich auf das angewiesen, was er selbst in seinen Dichtungen darüber mitteilt. Diese Mitteilungen sind nicht eben reichhaltig. Vor allem fehlt es ganz an Zeitbestimmungen, die sich nicht auf seine Gedichte beziehen. Wann er geboren, darüber giebt er auch nicht einmal andeutungsweise Auskunft, und ebensowenig erfährt man sonst irgend woher, wann er gestorben. Nur das ist sicher, dass er 1211 den Bestiaire und gegen Anfang des Jahres 1227 den Besant gedichtet hat. In eine frühere Zeit, vielleicht noch ins Ende des zwölften Jahrhunderts fallen die weltlichen Dichtungen, die Fabliaux und der Roman von Fregus. Man könnte demnach das Leben des Dichters ungefähr durch die Jahre 1170 und 1230 umgrenzen.*

*Ueber Guillaumes Stand sind wir dagegen durch den mehrfach wiederholten Beinamen* le clerc *unterrichtet, und seine ganze Gesinnung und Bildung stimmt damit durchaus überein. Er war also zum Geistlichen erzogen. Er erwähnt selbst im Besant, dass er eine seiner Deutungen vom Bischof von Paris, Moriz von Sully, erhalten habe: vermutlich entnahm er sie einer der Predigten des Bischofs, die ja, wenn auch noch grösstenteils unveröffentlicht, doch*

*handschriftlich noch jetzt erhalten sind.    Hörte der Dichter den
Bischof selbst, so muss er vor dem Jahre 1196, dem Todesjahre
des Moriz von Sully, in Paris gewesen sein.*

*Guillaumes Kenntnis des Lateinischen tritt auch sonst in seinen
Quellenanführungen im Besant, im Bestiaire und in den* Treis moz
*hervor, sowie auch in der Bezugnahme auf die Mythologie des clas-
sischen Altertums, die sich im Roman von Fregus findet.   S. 20, 19
spricht er davon, dass die Sonne in Aethiopien aufgeht; 2, 13
wird die Freundschaft des Achill und Patroclus vergleichsweise
angeführt; 217, 20 fg. heisst es*

> D'armes ne valut .ij. boutons
> Ains Acilles ne Cornaiaus,
> Diomedes ne Menelaus,
> Partenopex ne Tideus
> Avers icou que fu Fregus.

*Diese letztere Stelle freilich könnte ebensogut auf mittelalter-
liche Bearbeitungen altclassischer Sagen, insbesondere die des Beneoit
de Sainte More zurückgehn.*

*Ist hier eine gewisse Absichtlichkeit der gelehrten Citate nicht
zu verkennen, so zeigt sich insbesondere im Bestiaire und Besant
der Dichter geradezu stolz auf seine Gelehrsamkeit, mit der er als
Clerc den des Latein unkundigen Laien gegenübertritt.*

*Wie weit er diese geistliche Laufbahn verfolgt habe, ist nicht
zu sagen.    Als Priester scheint er nicht fungiert zu haben, obschon
er Bes. 1287 sagt:* que nus lison

> En la premiere lecon
> Quant des morz faimes le servise;

*und obwol er seine Standes- und Landesgenossen vertritt gegenüber
den römischen Clercs,* qui as autres rungent les mains *Bes. 2814
(vgl. 2348 ff.).*

*Zur Priesterwürde war er ja dadurch unfähig, dass er, wie
er Bes. 96 ff. erzählt, Weib und Kinder hatte.    Den Unterhalt
dieser Familie gewann er durch das was man ihm für seine Gedichte,
seine* diz *gab.    Ob er daneben noch seine Kenntnisse in anderer
Weise, etwa als Schreiber verwertete, darüber gibt er keine Aus-
kunft: auch ist dies bei dem Wanderleben, das ihn zu verschiedenen
Herren führte, unwahrscheinlich.*

*Den Bestiaire dichtete er für einen Herrn Raoul, der ihn
dafür zur vollen Befriedigung belohnte.* Die treis moz gab ihm
*Bischof Alexander von Lichfield auf; auch das Gedicht* de Notre
Dame *scheint, nach der Erwähnung eines angelsächsischen Ausdrucks
zu schliessen, in England entstanden zu sein* [s. Nachtrag]. *Vielleicht
aber hat Guillaume schon den Fregus in England gedichtet; wenigstens
spricht die ausschliessliche und genaue Erwähnung englischer Orts-
namen dafür. Das Fabliau vom Priester und Alison dagegen
scheint in der Normandie entstanden zu sein, da nur dort die aus-
führliche Schilderung der Persönlichkeiten und Oertlichkeiten inter-
essieren konnte.*

*Die Normandie bezeichnet der Dichter selbst wiederholt als
seine Heimat, auch in dem letzterwähnten Fabliau, so dass der
Zusatz nicht etwa auf die in der Fremde verfassten Dichtungen
beschränkt erscheint. Die Normandie nahm während des ganzen
Mittelalters eine Mittelstellung zwischen Frankreich und England
ein; der Dichter selbst erlebte den Uebergang seines Landes aus
der Herschaft Englands unter die Frankreichs.* 1203 *und* 1204
*eroberte Philipp August das Herzogtum Normandie, das er als
Oberlehnsherr dem König Johann ohne Land wegen dessen am
eigenen Neffen Arthur begangenen Mord abgesprochen hatte. Aber
das Land ward sehr wider Willen französisch. Selbst der offizielle
Dichter des französischen Hofes, Guillelmus Brito war genötigt
einzugestehn (Philippis VIII, 215):*

Postquam succubuit Franco Normannus et omnis
Terra Philippinas suscepit Neustria leges,
Indignante diu portavit vertice regis
Mite jugum dominumque nequit nescire priorem:
Quamvis ille status servilior esset eisdem,
Advena cum gravibus oneraret legibus illos.

*Auch bei unserem Dichter ist diese Stimmung unverkennbar.
Als König Ludwig VIII. früh gestorben ist, sagt er Bes.* 169,
*dass er von all den Ländern, die er besass* ou fust a tort ou fust
a dreit, *nur das Grab behalten habe. Doch schilt er auch die
Engländer Bes.* 2001, *besonders aber bei Gelegenheit des Interdicts,
Best.* 2518 ff.

*In dieser Frage zeigt er jedoch eine Haltung, die zugleich gemässigt und freisinnig genannt werden muss. Er gibt zu, dass im Interdictstreit das Unrecht auf beiden Seiten ist, dass auch der römische Hof voller Verrates sei. Noch ganz anders tritt diese freisinnige Richtung unseres Dichters, die ihm namentlich von Seiten seiner späteren Landsleute das vollste Lob eingetragen hat, bei Gelegenheit des Albigenserkrieges hervor. Wie der Verfasser der provenzalischen Schilderung dieses Krieges, welche Fauriel in den Documents inédits, Paris 1837, veröffentlicht hat, durch den Verlauf dieser blutigen Kämpfe ganz zu Gunsten der Anfangs gescholtenen Ketzer umgestimmt wird, so urteilt auch Guillaume, dass die französischen Ritter, die gegen die Tolosaner ziehen, um nichts besser seien als diese, und dass die römische Kirche die einst ihrem Stifter Petrus gegebene Weisung ganz vergessen habe, indem sie statt milder Belehrung unversöhnliche Ausrottung verfolge. Und wie er hier die grosse Politik der Hierarchie bekämpft, so tritt er nicht weniger entschieden den Ausschweifungen einzelner Priester entgegen, von denen er in seinem Fabliau eine besonders verächtliche Persönlichkeit an den Pranger stellt.*

*Nicht blos aber gegen die Hierarchie, auch gegen die weltlichen Grossen spricht er sich unerschrocken aus. Schon im Plane des Fregus tritt er mit der Ansicht hervor, dass auch der Niedriggeborene durch Tüchtigkeit sich die Bildung und Geltung des Ritters erwerben könne. Deutlicher redet der Dichter im Besant. Er schilt die Reichen die die Armen mit unersättlicher Habsucht ausbeuten, die Fürsten die zum entsetzlichen Schaden der Bauern leichtsinnige Kriege führen.*

*Die letzterwähnten Betrachtungen sind besonders bezeichnend und auszeichnend für Guillaume. So hoch er in seinem Roman die ritterliche Tapferkeit gestellt, er kennt gar wol die Schattenseiten dieser glänzenden Taten, die Verarmung der niederen Bevölkerung, die Verwilderung der Sitten die in ihrem Gefolge kommt. Und dabei ist er doch verständig genug die Verteidiger des Landes, die ihrem Herren treu sich opfern, von der Verdammung nicht nur auszuschliessen, sondern auch ihre Verdienste völlig anzuerkennen. Dass er auch die Kreuzfahrten gegen die Sarazenen und zwar im* höchsten Grade für verdienstlich hält, ist bei einem Dichter des XIII. Jahrhunderts natürlich nicht zu verwundern.

Diese Friedensliebe ist ein Ausfluss der echten Frömmigkeit, die den Dichter durchaus beseelt. Trotzdem er die weltlichen Händel der Hierarchie bitter beklagt, ist er ein treuer Sohn der Kirche. Selbst eine geringe Abweichung von ihren Lehren wäre schwer ihm nachzuweisen. Er benutzt ja vorwiegend Quellen, die von den Grössen der Rechtgläubigkeit, von Päbsten und Bischöfen herrühren. Ihre Anschauung von dem über alles Irdische erhabenen Verdienste religiöser Handlungen teilt er vollkommen. Mit derselben Begeisterung, mit welcher er in der Jugend das Ideal des Rittertums erfasst hatte, mahnt er im Alter zur Busse, zur Ablegung des Stolzes, zur Tätigkeit im religiösen Sinne.

Die Begeisterung machte Guillaume zum Dichter; seine Befähigung dazu war freilich nicht in allen Stücken zweifellos. In dem Sittengedicht überlässt er sich allzusehr der Neigung zur Allegorie, zur Einkleidung in spitzfindig ausgesonnene Bilder und Vergleiche. Freilich ist diese Richtung bei den damaligen französischen Dichtern weit verbreitet, — man erinnere sich nur an Raoul de Houdenc und Huon de Mery — und bei dem Vorherschen der scholastischen Bildung sehr nahegelegt. Aber auch die Ausführung der Gedanken ist nicht tadelfrei. Es fehlte Guillaume einigermassen an dem reinen Geschmacke, der nur das wirklich Gute gelten lässt. Vor allem ist eine gewisse Derbheit ihm eigen, die namentlich im Fabliau und in einigen Teilen des Besant die geschlechtlichen Verhältnisse so bespricht, wie es der feineren Sitte, namentlich jener Zeit nicht angemessen ist. Freilich darf man auch nicht vergessen, dass gerade die hässlichsten Bilder des Besant aus der geistlichen Quelle stammen. Ferner vermisst man in den Werken Guillaumes eine wirkliche Kunst der Entwickelung, die in den Erzählungen seinen Charakteren Mannigfaltigkeit und Lebenswahrheit, in der lehrhaften Poesie der Verbindung der Gedanken überzeugende Kraft hätte verleihen sollen. So einfach die Elemente sind, aus denen der Dichter seine Erzeugnisse zusammensetzt, so wenig weiss er sie in richtiger Folge zu ordnen. Namentlich in den Sittengedichten. Er wiederholt sich häufig; er bringt zu früh oder zu spät, was an richtiger Stelle den vollsten Eindruck gemacht haben würde. Beson-

ders zeigt sich die Hast seiner Darstellungsweise darin, dass er oft
verschiedene Gedanken zu einem Satze verkettet, der dann ungebühr-
lich lang erscheint. Auch der Wortgebrauch ist nicht frei von
Nachlässigkeit; Wiederholung desselben Ausdrucks ist unserem Dich-
ter durchaus nicht anstössig. In der metrischen Form scheint er
sich mehr und mehr vervollkommnet zu haben; namentlich sind die
ungenauen Reime der acht- oder neunsilbigen Verse — und nur
in diesen hat er gedichtet, — welche das Fabliau besonders, aber
auch noch den Roman verunzieren, später im Bestiaire und noch
mehr im Besant fast ganz verschwunden.

Im Ganzen kann der Dichter also neben dem bedeutendsten
Erzähler seiner Zeit, neben Crestien, durchaus nicht gleichen Rang
beanspruchen. Und doch ist dessen Einfluss auf ihn unzweifelhaft
und in stofflicher Beziehung bereits bei Besprechung des Fregus
aufgezeigt worden: formell erinnert an Crestien unter anderem
die Vorliebe für volkstümliche Sprichwörter, die bei jenem Holland
S. 264 nachgewiesen hat, während sie bei Guillaume im Fregus
auch nichts weniger als selten sind. Doch hat Guillaume seinen
Vorgänger in der Erzählungskunst ebensowenig erwähnt als andere
Dichter; nur auf die Branche V des Renart findet sich eine Anspie-
lung, Best. 1241 ff.:

> Assez avez oi parler
> Comme Renart soloit embler
> Les gelines Costanz de Noes.

Noch weniger lässt sich andererseits ein Einfluss nachweisen,
den Guillaume auf andere geübt hätte: nirgends wird er, wie es
scheint, von einem der Zeitgenossen oder der Späteren erwähnt.
Auch deutet der Umstand, dass die meisten seiner Gedichte nur in
einer Hs. enthalten sind, auf einen geringen Wirkungskreis. Nur
der Bestiaire hat, und zwar mit den Zusätzen aus dem Besant, sich
weiter verbreitet. Von diesem Werke ward S. XXIII eine altenglische
Uebersetzung erwähnt, sowie S. XX die mittelniederländische des
Romans von Fregus. In den Niederlanden musste das Ideal des Nor-
mannen, die Erringung ritterlicher Ehre auch für den Nichtadligen,
vielfach gleicher Gesinnung begegnen: es ist dies ja der Grundzug
der mittelniederländischen Poesie in ihrer ersten Periode s. die Ueber-

sicht derselben in *Zachers Zeitschrift für deutsche Philologie I*
S. 157 ff. Gerade bei dem bedeutendsten mittelniederländischen
Dichter, bei Jacob von Maerlant lassen sich eine Reihe von Zügen
nachweisen, die an den Normannen Guillaume erinnern.

<hr>

Ich schliesse mit einer dreifachen Danksagung. Hr. Édélé-
stand du Méril hat, indem er mir gestattete seine reiche Bibliothek
zu benutzen, meine Arbeit wesentlich gefördert. Hr. Dr. Julius
Brakelmann hat die in der Einleitung aus der Pariser Hs. 19525
mitgeteilten Stellen nochmals mit dem Original verglichen. Ganz
besonders aber bin ich Hrn. Prof. Tobler verpflichtet, welcher mir
über eine Anzahl zweifelhafter Puncte, namentlich wo die gewöhn-
lichen Hilfsmittel (die Wörterbücher von Du Cange-Henschel,
Roquefort, Littré und die Grammatik von Burguy) nicht aus-
reichten, Auskunft erteilt hat. Ich habe die von ihm empfangenen
Vorschläge und Belege durch Beifügung seines Namens ausge-
zeichnet und letztere mit mehreren eigenen Anmerkungen am Schlusse
zusammengestellt.

*Freiburg im Breisgau*, den 1. November 1868.

E. M.

Pur ceo que jeo ne voil muscier <sup>f. 96</sup>
Le besant deu ne acorcier,
Mes metre a creis e a usure,
Dirrai tant com leisir me dure.
5 Car ge ne sai quant il vendra
N'a quele hore il me somondra
Que devant lui vienge a conter,
Savoir com bien purra durer
Le guaain que jeo li ai fait
10 E que de son avoir ai trait.
Si jeo n'ai son besant duble,
Il dirra que j'avrai emble
Le suen come felun malves
E si ne m'amera james,
15 Ainz m'ostera de sa comune.
Puis que deus fist soleil e lune,
Ne fu onqes si grant mestier
De sa venue bien gaitier
Certes com il est ui cest jor.
20 Il nus a somons par amor
A un convi qu'il a fait grant:
Mes tuit li plusur vunt querant
Escusacion d'aler i
E se retraient del convi.
25 Li uns dit qu'il ad femme prise,
Li autres que marcheandise

--------

20 a *fehlt*     23 dale l

Martin, altfranz. Gedicht                                    1

A faite ou il l'estuet aler
Por saveir e por esprover
Que il i porra gaainer.
30 Li tierz se fait essonier
Qui a achate une vile.
Plus de cent mile fiez .c. mile
S'escusent en ceste maniere
E si se retraient ariere
35 Del convi ou dieus los somont.
Quant il vendra en l'air amont
Si sanglent e si corone
Com il fu en la croiz pene
Les mains percees e les piez
40 V les treis clus furent fichiez
E le coste a descovert
Dont le sanc parra en apert:
Coment le oseront veeir
Qui pur un terrien aveir,
45 Qui ci trespasse en petit d'hore,
Ont quis essoine e fait demore
De venir a son mandement?
E il vendra si sodement
Certes, que nus ne savum quant,
50 Au matin ou au coc chantant
Ou a mienuit ou al seir:
Si nus deusom purveeir
(Que ceo savum de verite)
E laissier cele vanite
55 Qui en cest siecle nus retient:
Quant nus savon bien que il vient
E il meisme le nus dit,
C'est merveille que si petit
Contre sa venue veillon
60 E si poi nus apareillon.

---

43 loseront     47 comandement rgl. 3478
vgl. 2114 und die Anm.     59 v. si petit veillon

Quant Salemon out tut veu
E tut oi e tut seu
Quanque desuz le ciel aveit,
Si dist il que il n'i saveit
65 Nule chose fors vanite.
Par le haut rei de majeste,
Qui fist ciel e terre e abisme
Jeo m'esmerveil de mei meisme,
Qui sai que c'est voir que jeo di
70 E me retrai de cest convi.
Seignors, si or volez entendre,
Se deu plaist, vus porrez aprendre
Aucune veie profitable
Por venir a si haute table
75 Des noces, ou nul n'entera
Qui a dreit vestu ne serra
De covenable vesteure:
Car l'om n'i ad d'autre grant cure.
Guillame, uns clers qui fu Normanz,
80 Qui versefia en Romanz
Fablels e contes soleit dire
En fole e en vaine matire.
Peccha sovent: deus li pardont!
Mult ama les desliz del mond
85 E mult servi ses enemis
Qui le guerreeient tut dis.
Avant orrez bien qui cil furent,
Qui le trairent e decurent
Si com il ont maint autre fait:
90 Bien vus serra avant retrait.
Mes issi avint (ceo fu veir)
Qu'il jut un samedi al seir
En son lit e se purpensa
De cest siecle qui si passa,
95 Qui est si fals e decevanz:

---

68 mei *fehlt*    75 E des    86 guerreeint

1*

E pensa qu'il aveit enfanz
E sa moiller a governer
E ne lor aveit que doner,
S'om ne li donout por ses diz.
100 Donc pensa qu'il ert malbailliz,
Se le somoneor venist,
Qui idoncques le somonsist
E qui deist "levez, levez!
Seignors, qui estes atornez.
105 Entrez as noces od l'espos:
Car ja sera close a estros
La porte qui n'overa mes."
Donc pensa qu'il esteit malves,
Qu'il n'aveit oile ne clarte
110 Ne nule ovre de charite
Ne vesteure covenable
Por venir a si haute table
E par devant si bon seignor,
Qui li aveit fait tant d'henor
115 Qui li out son besant baille
Qu'il n'aveit pas multeplie.
Donc pensa Guillame, coment
Deus aveit el comencement
Crie e le ciel e la terre
120 E dont mut la premiere guerre
Del angle que orgoil decut,
Dont en enfer chair l'estut:
Donc pensa come deus fist home
Que il chaca por une pome
125 Que il manja sus son defens.
Moult ot le chaitif petit sens.
E tuz ses eirs depuis enca
Que cele guerre comenca
Furent en paine e en dolur, ꞁ·97
130 Desqu' a tant·que le salveor,

104 est    122 c enfer    127 eirs puis en enca

Qui descendi del sain al pere
Vesti char en la virge merc
E vint reaindre les chaitifs,
Qui aveient este futis
135 E en tenebrose prison,
Dom il les traist a guareison.
Ainceis qu'il volsist mort suffrir
En croiz ou il se vint offrir,
Aveit il fait multes vertuz,
140 Les surz oir, parler les muz:
Morz suscita, leprus guari,
Paraletiques autresi:
A ses desciples sermona
E mainte essample lor dona
145 E bien lur dist qu'il revendreit
E que al revenir voldreit
Aconte oir de ses serganz,
Si des petiz come des granz.
Por ceo que ceo ne puet faillir
150 Que il ne voille au revenir
Acontes oir de chescun
(Ja ne serra esparnie un),
Pensa Guillame qu'il fereit
Verz consonanz ou l'en porreit
155 Prendre essample e bone matire
Dol monde hair e despire
E de nostre seignor servir
Tant come l'ome en a leisir.
El contemple qu'il fist ces vers
160 Aveit la mort gete envers
Le rei de France Loeis,
Qui ert eissu de son pais
Por autrui terre purchacier:
Les Provenciaus cuida chacer,
165 Les Tolosanz prendre e honir:

---

161 Lois

E quant il cuida tut tenir,
Tut guaaigner e tut aveir,
Si li failli tut son espeir.
De France ne de Normendie
170 Ne de tute sa seignurie
Ne des granz terres qu'il teneit,
Ou fust a tort ou fust a dreit,
N'ot que siet piez tant solement.
A tant revint son tenement.
175 E ne purquant il ne tint rien.
Car la terre, ceo sai jeo bien,
Tint lui: car il n'ot nul poeir
Ne ne pot puis le cors moveir.
En poi d'hore devint charoine:
180 E de la langue e de la loigne,
Del nes la ou il fu plus bel
Firent li verms tut lur avel.
Onques chastel ne fortelesce
Ne seignurie ne richesce
185 Ne bon cheval ne armeure
Ne preciouse vesteure
Ne tur de piere e de mortier
Ne li pot la aver mestier.
Al jor qu'il fu en terre mis,
190 Out mil ribals en son pais
Greignors de lui e mult plus forz:
E al hore qu'il furent morz,
Chascun out la fosse greignor
Que la fosse au rei lur seignur.
195 Vnques nul d'els n'aveit avant
Eu de terre plain son gant:
Mes donc out chescun de tant plus
Q'en greignor fosse fu enclus.
Donc ne valut sa dignete,
200 Sa force ne sa poeste

Nient plus que de son vilain.
Ausi revendra il demain
A cent princes qui sont el monde.
La mort a sa pierre en sa fonde
205 Tut aprestee por lancier.
Nus ne se puet vers lui muscier,
Contre li n'a nule garite.
Fei que dei sainte Margarite,
Merveille est que nus ne penson
210 E de la beste e del peisson
E del oisel qui se porveit
Au tens que porveer se deit:
E home ne se purveit mie,
A qui deus a mis en baillie
215 Quanque a soz le firmament.
C'est merveille, si deus m'ament,
Que cil qui ad sen e reson
N'esgarde en aucune seson,
Dom il vient e ou il repaire
220 E a quel chief il l'estuet traire.
De grant vilte est conceu:
E quant il a noef meis geu
En prison el ventre sa mere,
Donc vient une dolur amere,
225 Qui la prent, e la femme crie
E reclaime sainte Marie
Mult dolousant qu'el li ait.
David le prophete nus dit,
Que ses dolurs e ses haschees
230 Sont por un poi aparagees
As dolors que en enfer sont.
Quant cist emfes est nez el mond
La premiere chose qu'il fait,
Quant il est nez, si crie e brait.
235 Quant il ist de prison, si plore

227 dolousant *Tobler*] dolorousement

8

E se guarmente encislore.
E mainte feiz est avenue
En cest point grant descovenue:
Ainz qu'il ait sa mere guerpie
240 L'a il tele hore si blesmie
E si quassee e si desrote,
Que ele pert la force tute
E qu'ele moert de la dolur.
L'emfant qui comence son plor,
245 De dolur vient, en dolur entre.
Se il fust au partir del ventre
Porte maintenant au tumbel,
Ceo li deust estre mult biel.
Si fust il veir, se il seust,
250 Quels pas repasser il deust.
Mes par fei il nel siet nient,
Qu'il n'a mie tant d'escient
Come un autre petit feon
D'une beste que nus voon.
255 Li feones s'aparcevreit
Dedenz siet jurs que noz serreit,
Que il voldreit prendre a mal faire ⁽·⁹⁸
E se savreit ariere traire.
E li emfes, quant il est nez,
260 Est en clutez envolupez
E passera mult long termine
Ainz que il sache la tettine
Prendre s'om ne li met a boche.
E quant li termines aproche
265 Que il deit aler e parler,
Donc le covient il mielz garder
Qu'il ne chiece en ewe ou en feu
Ou en autre percillus lieu.
Par mult grant cure est mis avant.
270 Jesq'a set anz est il enfant

240 h. est si    257 p. e. m.    260 (?) E en

E desq'a quinze vasleton
A petit de descrecion.
Ainz qu'il seit procreuz e granz,
A il passe vint e set anz
275 Ou trente, ceo n'est mie dote:
Donc deit aveir sa force tute.
E donc quant l'en li a apris,
Dont il vint e ou il fu pris
E a quel fuer il revendra,
280 Ja li chaitif plait ne tendra.
Donques s'orgoillist e estent,
A sa jolivete entent
E si guerreie damnede
De ceo que il li a donc.
285 Se il est fort, si velt combatre
Por son povre veisin abatre:
S'il est sages, si velt plaider
Por autrui terre guaaigner:
S'il est biaus, si velt faire amie,
290 Desque il en avra blesmie,
La femme son prosme ou sa fille.
Ne se preisera une bille,
Se il tost n'en a vint ou trente
Ou chescun jor une de rente.
295 Donc comence sa leccherie,
Sa malveste, sa beverie:
Donc ne fine del suen despendre
Tant que il n'a mes rien que prendre.
E quant il a tut despendu,
300 Dont vait embler: si est pendu .
Ou essorbe ou esmanche
Ou mis en milieu le marche
El pillori trestut un jor:
Ja puis ne vivra a honor.
305 Uncor s'il criast donc merci,

276 deit il a.    290 en *fehlt*    293 il *fehlt*    302 en mi le m.

Quant avenu li est issi,
E il laissast sa glotonie,
Sa malveste, sa felonie,
Serreit ceo merciable chose:
310 Mes ainz serra la porte close,
Ou il esteit somons d'entrer,
Que il se voille purpenser.
En sa folie demorra
De si que a tant qu'il morra.
315 E uncor quant il sent la pointe
De la mort qui a lui s'est jointe,
Ne se velt il faire confes
Ne ne velt descharger le fes
Por nul qui le sache somondre,
320 Qu'il el fonz d'abisme n'afondre.
E quant l'alme est del cors partie
Qui li fist male cumpaignie,
Esgaree est e dolorouse
E vait en veie tenebrouse.
325 Qui la verite en velt dire,
Ele deit bien cel cors maldire,
Que tuteveies fist son bien
E al alme nient del suen.
L'alme s'en part, del cors se plaint,
330 Qui mult hidosement remaint,
Les eulz tornez, gole baee.
N'a donc ami qui moult nel hee
E qui n'ait fricon e pour
D'estre od lui a un sul jur.
335 E qui tost nel enterrereit,
En poi d'ore tel devendreit
Que nus ne le porreit suffrir
Ne fiz ne fille por morir:
En terre boter le covient.
340 E savez donc que il avient?

---

320 Qui    328 vient    334 sul a un

Quant cele charoigne est enclose,
Il avient mervellose chose:
Car les verms qui de la char nessent,
De la char maintenant se pessent,
345 Qui soleit estre e bele e clere:
Les enfanz manjuent lur mere.
Ci a mult grant descovenue,
Quant l'enfant sa mere manjue:
Mielz li vausist (ceo sachez bien)
350 Que il eust este un chien.
Car il n'eust rien a respondre,
Quant l'en vus vendra tuz somondre,
Quant tutes almes revendront
A lur cors, que eus reprendront.
355 Se li cors ad este neiez
Penduz ou ars ou escorciez
Ou ventez en poldre menue,
Si serra l'alme revenue
Idonc el cors, qu'ele out ainceis.
360 Ceo ne tenez mie a gabeis!
Car si issi nel creiez,
James sauvez ne serriez.

    Seignors, ceo est mult grant merveille,
Q'ome ne pense e qu'il ne veille
365 E qu'il n'entent a bien ovrer,
Tant com il i puet recovrer.
Il conuist bien e siet de veir,
Que sa richesce e son aveir
Li faudra tute au daerain,
370 E il ne velt tenir son frain,
Qu'il ne seit fol e desree
A tuz les jurz de son ee.
Es deliz del monde se fie
E si n'a terme de sa vie.
375 Il aune tresor ici,

---

361 creeiz    362 serreiz    371 set

De quei il sera malbailli.
Mes se el ciel les asemblast,
James larron ne li emblast:
Mes ici li emblent larrons,
380 Qui li effondrent ses maisons.
Folement a son tens use,
Qui a mis en sac pertuse
Toteveies tut son tresor.
Il s'en repentira uncor,
385 Qui en terre tresor aune, ᶜ ⁹⁹
Dom il ne velt faire commune.
Il l'aune en trop malveis leu:
Car il aune l'ire deu
Encuntre lui au jor del ire,
390 A cel jor, que il vendra dire
"Alez, malveis! alez, alez,
Vus maldiz, vus maleurez,
Qui unques ne me herbergastes
Ne a mangier ne me donastes,
395 Qui onques bien ne me feistes,
Quant nu e povre me veistes:
Alez languir el feu durable,
Qui est as angles au diable
Aparaille sanz finement
400 Des le premier comencement."
Seignors, tant com nus sumes vifs
E de nos cors poesteifs,
Por deu car nus porpensisson,
Que cele veie n'alison!
405 Veion, quel enemis ceo sont,
Dont chescun home a treis el mond,
Dont Guillame vus dist avant,
Que il lur fu obeisant.
Chescun home a treis enemis.
410 L'un est chescun jor en son vis

Que james ne s'en partira
E tuteveies li rira.
Li autres est soz sa chemise.
E li tiers, qui les dous atise,
415 Est entor lui e nuit e jur:
Mes l'ome aureit si grant peor,
Se il veeit celui el vis
Que il s'enragereit tut vis:
Por ceo se ceile le cuvert
420 Qu'il ne vait mie a descovert.
Cist est l'ancien enemi,
Qui tuz jorz a home trai.
C'est cil qui fist home pecchier
E sur defens le fruit mangier.
425   Li autres, qui est soz les dras
Velt tuz jurz estre biaus e gras,
C'est sa char qui tut dis l'entice
Que il li face sa delice.
"Sire" fait ele, "gardez mei
430 Que jeo ne aie faim ne sei!
Cuchiez me bien e en biau lit
E me faites tut mon delit!
Vestez mei suef e sovent!
Tant com vus estes en juvent,
435 Me faites ceo que jeo desir!
Asez avrez uncor leisir
De faire vos oblacions,
Geunes e afflictions.
Faites mei ma volente tute!"
440 Eissi desturbe ceste glote,
Ceste malveise, orde, pudlente
Tut ceo que a deu atalante.
  E le tierz enemi, que fait
Que tut dis devant lui s'estait
445 Cist mondes od sa vaine gloire,

---

417 veit    431 me *fehlt*    442 d. natalante    444 Qui

Il li tolt tut le bon memoire.
Tuz jurz li dit "faites, biau sire,
Tut ceo que vostre char desire!
Se vus volez aveir hautesce.
450 Querez avoir, querez richesce!
En auner pensez tut dis!
Querez nus autre paradis
Que seoir en tel palefrei
Od tel herneis, od tel agrei.
455 E de vestir tel vesteure
E de chaucier tel chauceure
E de mangier ces beals mangiers
E de bevre ces vins d'Angiers
E d'aveir cele meschinete
460 Qui uncore est pucele nette:
Demandez nus autre solaz
Que de gisir entre ses braz!
Quel pareis volez aveir
Fors richesce e plente d'aveir?
465 Querez terre, purchaciez rente
Que valent vint livres ne trente!
Mes se mil livres eussiez,
Cel bois achater peussiez,
Cel biau pre e cel bon molin
470 E cel vigne, ou tant crest de vin.
Si riches estes e mananz,
Tuz jurz serront obeissanz:
Se rien n'avez, ren ne valdrez,
Com un chaitif de faim morreiz."
475 Issi li mondes le sarmone
E sa char tuz jurz l'aguillone
E li tierz, dont jeo vus ai dit,
Met tuteveies en escrit
Tuz ses mesfaiz e ses pecchiez.
480 Dont li chaitif sera jugiez.

---

463 v. vus a.        465 Qurez

Ci a treis feluns aversaries
E home ne se paine gaires
De bones armes purchacier
A ces treis enemis chacier.
485 Ainz dit aucun "ceo est eschar.
Coment chastierai ma char?
Beivre e mangier la covendra
Ou en poi d'ore me faudra."
C'est verite, ceo covient mon:
490 Mes beivre e mangier par reson
Devreit sa vie qui voldreit
Garder e sustenir a dreit
Sanz glotonie e sanz meresce
Dont la char se herice e dresce.
495 Qui l'amegrie e la tient basse,
Fole volente li trespasse
Plus tost que quant ele est en gresse.
Cil la mestrie qui l'abesse
E li acore son avel
500 Com l'ostrioer fait son oisel,
Qui l'abesse, quant trop est gras,
Sa char li molle ignelepas
Que la gresse ne le sormont.
Il a maint home eu el mond,
505 Qui tant aveit sen e valor,
Quant il senteit fole chalor,
Que en freide ewe se lancot
E iloecques tant demorot
Qu'il n'aveit talent a leisir
510 De nule rien fors de covrir.
E si cil le fist sagement,
Maint autre fait ui autrement:
Od ses treis enemis s'en vait ᶜ ¹⁰⁰
E siet bien que chescun le trait
515 El feu que ja n'en prendra fin.

---

486 ch. jeo ma     491 [?] D. faire qui     512 fai

E il vait de gre le chemin,
De gre guerpist son salveor
E se prent a malveis seignor.'
Allas, si bon seignor il laisse
520 E vers si malves il s'abeisse!
Les biens del un ne puet nus dire
Ne les mals del autre descrire.
Li bons l'aime e l'autre le hiet.
E quant li chaitif bien le siet,
525 Ne deit il estre mult blasme
Quant celui qui tant l'a ame,
Guerpist e s'en vait od celui,
Qui tuz jurz pense a son ennui?
 Se jeo ere a la curt le rei
530 Od biau hernais, od bel agrei,
E jeo mangasse del rei pres
E geusse en sa chambre ades
E il me deist ses cunseiz,
Ses privetez e ses segreiz,
535 Si jeo donqes lo rei lessasse
E un vilain servir alasse,
Qui mult grant honte me feist
E chescun jor bien me batist
E me feist ses boes garder
540 Son fien mener e carier
E me peust malveisement
E me vestist plus povrement
E me feist la hors al freit,
Tant com le fort yver durreit,
545 Por ses bestes garder remaindre,
Qui devreit ma mesaise plaindre?
Par reson dire me deust,
Qui mon afaire coneust
"Certes, Guillame, ne me chaut,
550 Se tu as trop ou freit ou chaut,

---

529 ore

Quant tu si bon seignor lessas
E a si malves t'en alas.“
Dont vient a home tel corage
E tel deverie e tel rage
555 E a femme tut autresi?
Certes j'ai veu e oi
Que femme aveit dous ameors:
L'un li faseit totes henors
E li autres la honisseit
560 E la chacoit e la bateit:
E el suffreit e mielz amot
Le ribaut, qui la defolot
Que le biau bacheler curteis,
Qui ne feist rien sor son peis,
565 Mes volentiers la maintenist
Come son cors, s'ele volsist.
Fei que dei a mon creatur,
Grant merveille a ici entur.
Home, qui de son gre foleie
570 E prent a escient la veie
Ou il siet tuz ses enemis,
Ceo est bien droit qu'il seit oscis.
    Or vus dirrai premierement,
Dont jeo me merveil durement.
575 Car ceo est merveillose chose
Del bon clerc qui entent la glose
E tut le texte de la lettre
E en quel sen l'en la deit mettre
E entendre espiritelment,
580 Qu'il se retrait tut ensement
Del convi com un home lai
E ensement requiert deslai.
De tuz clers ne parroc jeo mie.
Plusors demainent povre vie
585 Por bien faire e por bien aprendre.

---

573 promierent    574 me *fehlt*    582 quiert

Seurement poent atendre,
Se deu plaist. le somoneor
Ou a mienuit ou au jor.
Li bon reclus, li bon chanoine,
590 Li bon hermite, li bon moine.
Qui sont tut dis obedient.
De ces ne me dot jeo nient.
Mes joo vei clers qui riche sont,
Qui granz rentes e beles ont,
595 Qui en malves us les despendent
E qui a deu petit en rendent.
E quant aucun est tant hauce
Par symonie ou par pecche
Qu'il a un evesche en garde,
600 Tantost vers les deners esgarde
Maintenant aune tresor
E comence a coillir estor.'
Sa rente valt mil mars ou plus.
E se il n'est entre par l'us
605 En la faude entre ses brebiz,
Comme lerres serra honiz.
Tost en avra vint mile en baille:
Mes gard bien que une n'en faille!
Car s'il la pert par sa mesgarde,
610 Justise e verite esgarde
Que de son cors la reaindra,
Quant le somoneor vendra.
Icest dolent, ceo m'est avis,
S'est en grant aventure mis,
615 Qui tantes almes deit garder
E a salvaciou mener.
Il en respondra en tel point
Por veir, de ceo ne dot jeo point,
Que il volsist mult milz al jor
620 Que il fu mis en cele henor,
Que il fust ale habiter
Desuz une roche de mer.

E quant beau teus feist, peschast
E une feiz le jor mengast
625 La meite de sa saolee
Sur une table issi lee
Qu'a peine i seist s'esquiele:
Mult li fust icele hore bele.
Mes il ne voleit fors hautece.
630 E quant il ot la grant richece,
Les rentes de la haute iglise,
Dom il deust a ma devise
Le plus por amur deu partir
E le mains a sei retenir,
635 De trestut ceo ne fist il rien:
Ainz fu plus aveir que un chien
Qui un grant os a en sa gole
Ou il quide bone moole.
Poi dona e poi despendi,
640 A grant borse faire entendi
E manga en ses priories ᶠ. ¹⁰¹
E en ses povres abeies
E od cels qui ostels li durent,
Qui par estoveir le recurent.
645 E donc mena sa ronciuaille
E trestote sa garconaille
Qui as ostels firent dangier:
E quant vint apres le mongier,
Si volt chescun d'els aveir don,
650 Neis le plus petit garcon:
L'esvesqe coupe ou palefrei
E chescun clerc anel en dei.
E s'il errast a ses deniers,
Il ne menast que dous somers
655 E poi de cust e poi de gent.
Tuz jurz acresseit son argent.
Icest dolent que respondra

---

626 t. si l.

Quant le somoneor vendra
Al daerain jor de juise,
660 Qui a les biens de sainte iglise
E les besanz deu enfoiz?
Certes il sera malbailliz,
E od sa croce e od sa mitre
Serra traine cest traitre
665 En la pardurable prison
Com home ataint de traison.
Li evesqe, qui issi font
Des evesquez, quant il les ont,
Sont mult long de salvacion.
670 E cil de lor subjection,
Qui en voldra dire le veir,
Poent molt grant pour aveir:
Arcediacres e dieus
E officiaus e les maiens
675 Qui as chapitres sont les sires,
Qui consentent les avoltires,
Les causes jugent e terminent
E as loiers prendre s'enclinent,
Les fornicacions cunsentent,
680 Les povres chapeleins tormentent,
Justise vendent e dreiture:
Mult en avront cil chere cure.
E les persones que feront,
Qui les riches iglises ont
685 Treis ou quatre en une province,
Que dirront il devant le prince?
Qui lor femmes avront peues
Des granz rentes qu'il ont eues,
E marie filles e fiz
690 Del patrimonie au crucefiz?
E les prestres parroisserez,
Qui au prendre sont tut dis prez,

---

682 (?) cil *fehlt*      683 qui

Qui les confessions receivent
Des doloros que il deceivent
695 E lor enjoingnent les anuels,
E des messes e des trentels
Pernent les deniers avant main,
E lor pramettent que demain
Le servise comenceront
700 E puis apres rien ne feront.
Les doloros, qui sont itels
Q'a ferme pernent les autels
Plus por les morz que por les vis,
D'oblacions e de devis
705 Vestent e pessent lur amies: —
Jeo dei dire lur enemies:
Car el feu enfernal les traient
Entre les dolorus qui braient.
Dulz jesu crist, haut rei celestre!
710 Que fera cel doloros prestre,
Quant l'oaille qu'il deit garder
Vient a lui cunseil demander
E il l'atorne en recelee:
E la nuit qu'il l'a estranglee
715 Vient par devant la majeste
Au matin tut ensanglente
E lieve e couche le saint cors,
Qui por reaindre le mal mors
Fu sacrefie en la croiz.
720 Coment ose liever sa voiz
Cest homicide, cest parjure?
Ceo est merveille que il dure,
Que la terre soz lui ne font
De si q'en abisme parfont,
725 Qui fait a deu tel sacrefise.
De sa fille, qu'il a oscise,
Li offre le sanc e les os.

Seurement dire vus os,
Se il ne li puet vive rendre,
730 Deus en voldra venjance prendre.
Dolz jesu crist, rei debonaire!
Tant suffristes por nus contraire,
Quant vus fustes pris e liez
E penez e crucefiez,
735 E uncor suffrez chescun jor,
Que aucun itel peccheor
Vus messert en itele guise
E n'en pernez mie justise.
Jeo crei bien que vus atendez
740 Que li las se fust amendez.
Vus li criez, ceo sai jeo bien,
"Toteveies revien, revien!
Revien, chaitif! retorno tei!
Torne tei ca, esgarde mei,
745 Come jeo sui dolz e pitos
E come jeo sui anguissos
A porchacier ta delivrance!
Vncor poez tu par penitance,
Ainz que la porte seit fermee,
750 A mes noces aveir entree."
Li clerc, qui trovent en escrit
Trestut ceo que jeo vus ai dit,
Deussent penser e veiller
E lor lampes aparailler:
755 Car assez plus blasme serront
Cil qui bien sevent e nel font
Que ne serra un ydyote,
Un veillard ou une veillote.
Qui petit siet plus d'une beste:
760 Mult avront cil greignor tempeste.
    Ore ai de gre les clers repris,
Qui ont veu e ont apris
Qu'il deivent faire e nel font mie.
Mes or larrai de la clergie:

765 Si vus dirrai des plus puissanz,
Des plus riches e des plus granz,
Des reis, des contes, e des dus,
Qui des regnes ont le desus,
Qui s'entretolent e guerreient $^{f.\ 102}$
770 E lor povre gent desconreient,
Qui tutes lor guerres compirent,
Sovent en plorent e sospirent.
     Ore iert un reis de grant puissance
Ou en Alemaigne ou en France
775 En Espaigne ou en Denemarche
Ou uns quens d'une riche marche,
Se l'un a l'autre a mesfait,
Li vilains qui est al garait,
Le compire a un jor si cher
780 Que il n'a la nuit ou cochier:
Ainz est arse sa mesonette,
Qu'il aveit basse e petitette,
E pris ses boes e ses berbiz,
Liez ses filles e ses fiz
785 E il mene prison chaitifs
Qu'il li peise que il est vis.
Reis crestiens, deus! que fera,
Qui de son regne getera
Trente mil homes combatanz,
790 Qui larront femmes e enfanz
Com orphenins a lor ostels,
Quant il vunt es esturs mortels.
Dont tost en serront mil oscis,
Ja puis ne verront lor pais,
795 E autretant del autre part.
Ja li rei ne prendront regart
Com bien en chiet en la bataille:
Ja ne feront conte ne taille:
Ne chaut a l'un qu'il ait perdu,

778 a *fehlt* vor mesfait

800 Mes que il ait l'autre vencu.
Qui respondra de ceste perte?
El n'iert nient a deu coverte
La ou dis mil homes morront
Qui ja confession n'avront.
805 Jeo quit que cil qui la les maine
N'eschapera mie sanz paine.
Jeo ne di pas, se un fort rei
Cort sus un autre par desrei,
Par son orgoil, par son oltrage,
810 Por tolir li son heritage,
Se l'autre rei qui se defent
Pert en la bataille sa gent,
Qui sont por lor lige seignor
Oscis a glaive en cel estor
815 E en defendant lor pais,
De quei il sont nez e nais
Ou il ont femmes e enfanz
E ou il ont este mananz
D'anceisorie longement:
820 Se il muerent en cel torment,
Jeo ne crei pas ne pas nel di,
Que deus ne deie aver merci.
Mes cil qui d'autre part vendront
Qui en la bataille morront
825 En demandant l'autri a tort,
Di jeo que sont malement mort.
E cil qui la les a menez
En ert, ceo quit, achaisonez.
Achaisonez, sainte Marie!
830 Coment serreit l'alme garrie,
Qui tantes en a fait perir
E sanz confession morir
Por home a tort desheriter.
Qui porreit celui aquiter?
835 Mes si nos princes e nos reis
Sor les princes Sarrazineis

Menassent lor gent en estor
Por l'heritage au criator
Delivrer de gent mescreant.
840 Ceo me venist mult a greaut.
Car qui verrai confes serreit
E en la bataille morreit,
Il avreit la haute victorie:
Parmi le feu de purgatorie
845 Trespassereit en poi d'espace
E si verreit deu eu la face.
Mult font nos princes terriens,
Nomeement ces crestiens,
Choses que faire ne deussent,
850 Se pite e merci eussent.
Mes li plusor sont sanz merci.
Tuz jurz quident regner ici
E sont ausi come tiranz
Vers cels sor qui il sont puissanz.
855 Sur lur cols mettent tels baillis
Qui les escorcent trestut vis
E desheritent e deraiment.
Ja n'avront dreit quant il se claiment.
Plus a ui de la coveitise,
860 Qui tuz les autres mals atise,
En cels qui les plus riches sont,
Q'en tote l'autre gent del mond.
Li riche volent aveir tot.
L'evangile en dit un fort mot.
865 El dit que plus legier serroit
Que un chameil trespassereit
Par la chasse d'une aguillete
Qui serreit petite e greslette,
Q'a un riche home n'est legier
870 Que el ciel puisse herbergier.
Jeo ne paroc mie de tuz.

---

842 la *fehlt*    857 e raiment

Aucuns des riches est si proz,
Qui lesse tute sa richesce
Por servir deu a grant destresce
875 E lieve sa croiz chescun jor
E vait apres nostre seignor.
Mes jeo vei maint riche puissant,
Qui a nule rien n'est pensant
Fors a plus aveir tuteveie
880 Or e argent, terre e moneie,
Chastels, citez, viles e bors.
James ne pensera aillors.
Tel riche home ne quit jeo mie
Que puisse aveir durable vie,
885 Se li chameulz anceis ne passe,
Come jeo dis ainz, par la chasse
De l'aguille greslette e brieve.
Ceste pramesse est dure e grieve
Que la sainte lettre pramet
890 A celui qui tut son quer met
A quere en terre manantie.
Car li chamelz ne porreit mie
Passer par si petit pertus
Plus que tut le ciel la desus
895 Porreit estre enclos en ma main
Ou tute la terre en mon sain.
Home aune e ne siet a qui: ᶠ ¹⁰³
Ceo dit le prophete Davi.
Li riches hom qui si le fait
900 E qui toteveies atrait
Por estre cremuz e dotez,
Tant qu'il est en terre botez,
Est logn del ciel si com jeo crei.
Ore esgardez que jeo i vei!
905 Jeo ne m'esmerveil mie tant
Se geunres hom est porchacant

890 quer i met

Qui est el flur de sa juvente
De purchacier pecune e rente,
Come jeo faiz d'un veil chanu
910 Qui a le siecle maintenu
Quatre vinz ans ou pres de cent:
E com il plus e plus descent
Envers la fin de sa veillesce,
E plus teise a aver richesce
915 E plus est tenant e aver
Si q'om n'i puet bonte trover.
S'il vait el ciel, jeo me merveil,
Devant iceo que le chameil
Sera passe par l'aguillette
920 E que la petite angullette
Avra tute la mer beue
Por la grant sei qu'ele a eue.
A deus! que pense riche aver?
Coment se quide il sauver,
925 Quant il siet qu'il n'en portera,
Quant de cest siecle partira,
Fors un lincel ou un suaire
Ou une piece d'une haire:
E toz jurz atrait e se charge
930 De ceo dont ja ne serra large,
E tut dis s'encombre e endosse
Tant qu'il vient sor l'or de la fosse,
E que li quers li est crevez.
Quant il ert d'iloec relevez,
935 Quel part porra fuir cest las?
Jeo crei que il ne morra pas.
S'il peust autre feiz morir
E en cele terre porrir
Com un chien ou com autre beste,
940 James ne queist meillor feste.

---

*Nach 915 ist 924 geschrieben, aber durch Unterstreichen getilgt.*
927 (?) un sul l.

Mes jeo crei qu'il ne morra mie.
Tant come la joiose vie
Durra en la glorie certaine,
Durra sa dolor e sa paine.
945 Mort durable sanz parmorir
Li estovra tuz jorz suffrir.
Icele mort ert si horrible,
Que ceo serreit chose impossible
Que boche la vus peust dire,
950 Ne cuer penser, ne main escrire.
   Seignors, en trop grant paine sont
Cil qui les granz richesces ont.
Car grant paine a en l'auner
E grant peor a bien garder
955 E grant dolor quant hom les pert.
Dont poez veeir en apert
Que ja a eise ne sera
Home qui granz richesces a.
Car a grant travail sont conquises
960 E a grant pour sont porsises
E au perdre a mult grant dolor.
Ne a travail ne a peor
Ne a dolor ne puet faillir
Qui grant richesce velt cuillir.
965   Un philosophe esteit jadis
De mult grant richesce porsis.
Jeo di porsis: si di a dreit,
A qui la parole entendreit.
Cil est de richesces porsis
970 Qui les amoncele tut dis.
Il nes a pas: eles ont lui,
Quant il a sei ne a autrui
N'en fait bien: donc nes a il mie,
Mes eles ont lui en baillie.
975 Il sert, eles nel servent pas.

---

975 (?) Il les s.

Il n'en est seignor en nul cas:
Mes cil qui les done e despent
E qui sa main au povre estent,
Cil est sires, e cil les a
980 E autre feiz les trovera.
Ore entendez que jeo vus dis
Del riche home qui fu jadis,
Qui tant aveit rente e aveir,
(Nus n'en poeit numbre saveir)
985 Molins e bois e pescheries,
Granz pars e granz guaaigneries,
Vignes e prez, vivers, estans
E grant pecune par ses chans.
Tant aveit que ceo n'esteit fin.
990 E quant il levot au matin,
Le jor mainte novele oeit
Dont chescune li despleseit.
Cele charue ert desturbee
Ou cele faude esteit robee
995 Ou cel molin ert depecie
Ou cel estanc esteit brisie
Ou sa forest ert eissilliee
Ou sa grant nef ert pereillee
Ou morte esteit sa porcherie
1000 Ou arse esteit sa vacherie
Ou ses granz tas mangiez de raz
Ou les poleins de son haraz
Emblez e menez de larrons.
Tantes diverses achaisons
1005 Oeit le jor qu'il ne saveit
Quel part primes torner deveit
Por ses besognes comander
E por ses pertes amender.
Tant que un jor se porpensa
1010 E en sei memes esgarda

Que il aveit le ciel perdu:
Car il aveit trop entendu
Ceus as terrienes cures
Ou trop a pesmes aventures.
1015 Ore entendez com il le fist
E en quel guise il se demist.
Cist riches hom dont jeo vus di
Tutes ses richesces vendi
E de tut fin or achata,
1020 En une masse l'ajosta
Si que il le pout roeler
E tut par devant lui mener.
Sor une roche de mer vint
O tut son or qu'embrace tint: ᶠ·¹⁰⁴
1025 E quant la mer fu haute e plaine
De grant force e de grant alaine
A tut son or de lui bote
E enz enmi la mer gete.
"Alez" dist il "pesmes richesces!
1030 Trop ai eu par vus tristesces.
Jeo vus neierai a un fes:
Vus ne me neierez james.
Alez as ministres d'enfer!
Q'onc en este ne en yver.
1035 Puis que jeo m'acointai de vus,
Ne poei un jor estre joius
Que jeo n'eusse ire e pesance.
Trop m'avez este a nuissance!"
Issi com or vus ai conte,
1040 De quanqu'il aveit ajoste,
En sa vie se delivra.
Mes de tant folement ovra
Que tut por deu ne despendi.
Mes nostre sire (jeol vus di)
1045 N'esteit pas coneuz uncor

---

1024 E tut    quembracce    1038 este *fehlt*

Entre les genz com il est or,
Dont nus avons entierement
Tut nostre novel testament.
Certes, seignors, mult est traiz
1050 De deu e del monde haiz
Qui en sa richesce se fie,
S'il ne la despent en sa vie
E s'il ne la done e depart
Si que le povre en ait sa part.
1055 En l'evangile escrit trovon,
Que fermement creire devon,
Q'uns riches hom jadis esteit
Que bisses e porpre vesteit
E mangot a mult grant plente
1060 Chescun jor a sa volente.
E un lazre a sa porte esteit
Qui coveitot e atendeit
Qu'il fust saole des miettes
Ou des granz ou des petitettes
1065 Qui chaeient jus de la table.
Mes nus n'esteit si merciable
Qui li donast ne li tendist
Ne que nul solaz l'en feist.
Ore avint si que il fu mort.
1070 Mes au morir out grant confort:
Car li angle l'ensevelirent,
En parais le recoillirent.
E li riches hom ensement
Morut apres sodeement.
1075 E quant la mort l'ot enpali,
En enfer fu enseveli.
Or ne trois jeo nient escrit,
Ne nule lettre nel me dit,
Que cest riche home fust dampne
1080 Ne es paines d'enfer pene

1051 sa *fehlt*

Por grant pechie que fait eust
Dont en enfer languir deust,
Fors qu'il ne fu pas comunals
Des biens que il out temporals.

1085 Mult en recut e mult en out:
Mes au povre partir n'en volt.
E quant il fu dampne por tant,
Ne deivent mult estre dotant
Li homicide, li parjure,

1090 Li larron qui par nuit oscure
Emblent a lur vesins le lor?
Que feront li faus plaideor,
Li juge qui par acointance
Ou par ire ou par malvoillance

1095 Font tort de dreit e de dreit tort?
La langue qui par son recort
L'orfenim desheritera
Ou qui la vedue getera
De son dreit e de son doarie,

1100 Qui porra cele langue traire
Del fu d'enfer, de la puor,
Ou tuz jorz a tristesce e plor?
E plusors autres qui or sont,
Qui les granz horribletez font,

1105 Les avoltires, les granz mals,
Quant cil por les biens temporals
Qu'il recut e n'ot pas done
Fu pardurablement dampne,
Mult poent aveir grant peor

1110 Plusors que jeo vei ui cest jor.
    Or vus ai jeo parle del riche.
Mes en autresi male briche
Sont par la fei que jeo vus dei
Cent mile povres que jeo vei

1115 Car il ne pernent mie a gre
Lor sofreite e lor povrete
E sont felons e envios

E mesdisant e orguillos
E plains d'envie e de luxure,
1120 Tant come un dener lur dure.
Quant un por foir ou por batre
Deit prendre treis deniers ou quatre,
Petit fera si l'em nel gaite.
E se il a chose sustraite,
1125 Volentiers le consentira.
James a prestre nel dira.
Ainceis li est avis por veir,
Que se il puet del riche aveir,
Coment que seit, n'est pas pecche.
1130 Cestui a diable acrochie,
Qui bon ovrer est de ses mains
E puis ovre la meite mains
Que son loer ne li condone,
A tierce dit que il est none
1135 E a none que il est nuit
E si tost com il puet s'en fuit.
No li chaut mes que il receive
E que il manguce ou qu'il beive
En la taverne ou el bordel
1140 Sanz vesteure e sanz drapel.
Itele vie demaine il
Tant que l'alme vait en essil
Ou de retorner n'est espeir.
Jeo ne vus puis faire saveir
1145 Tutes les manieres des genz.
Povres i a fols e dolenz
Qui sovent dient "sire deus,
Por quei nus feistes vus tels
Q'oncques biens temporals n'eumes!
1150 A male hore conceu fumes."
Las, por quei dient il issi!
S'il rendisent a deu merci  f. 105
E loenge de lor poverte
Que il ont eu e soferte,

1155 Le halt regne del ciel fust lor.
    Mes de ceo est la grant dolor
    Qu'il ne prenent lor povre vie
    Come Job ou come Tobie
    En pacience e a bon gre.
1160 James ne fussent esgare:
    Car les povres damnedeu fussent
    E le regne del ciel eussent.
    Li povres hom de mal corage
    Atent grant peine e grant orage:
1165 Li riche aveir atent tormente,
    Nus hom ne cuit que greignor sente.
    Ui mes me covient revenir,
    Se covenant vus voil tenir,
    A la matire dont jeo dis,
1170 Quant al comencer vus pramis
    Tels essamples a recordor,
    Dont l'em deit le monde aviler,
    E al servise deu entendre.
    Or sumes as assamples prendre.
1175    Mult deust sovent suspirer
    Home qui se volsist mirer
    E veer sa concepcion
    E com il vient a nacion
    E dom il vit en tant dementre
1180 Come il est dedenz le ventre.
    Sainte Marie, que ferai?
    Tarrai me jeo ou jeo dirrai,
    De quel vilte il est norriz?
    Si m'ait li saint esperiz,
1185 Jeol dirrai por orgoil honir.
    Car mult se deit plus vil tenir
    Home qui ceste chose siet:
    N'est pas merveille s'il se hiet.
    Quant deus le premer home fist
1190 Del limon que de terre prist,
    La terre esteit virge pucele.

E quant deus forma la femele
De la coste Adam qui dormi,
Unques, ceo sachez, nel senti.
1195 Ces dous furent fait saintement.
Mes puis que le comandement
Nostre seignor urent passe,
Tut fu lur afaire mue.
Por lur forfait furent chacie
1200 E de parais exillie.
En paine e en travail vesquirent
E lor engendreure firent.
Mes tute lor engendreure
Vint puis del ardur de luxure
1205 Por cel forfait que Eve fist.
Nostre sire deus li pramist,
Que ses mals multeplicreit
E qu'en dolur enfantereit.
E bien crei por ceo que Evain
1210 Tendi primes au fruit la main
E a Adam mist en la boche,
S . . i . . ten li a . . . .
Une . . . . . . . . .
Qui en . . . . . . . . .
1215 E qui . . cis . . . . e .
Ele n'est m . . n . . . e
Car c'est une grant . . . . e
E . est . . est . . . e
Que se aventure avenist
1220 Q . . . . . . . . . mist

. . . . . . . . . .
. . lest . r . t maintenant
. . . . . . en voleit . . .
Il li convendreit et . . . . .
1225 E . s . . en . . . . . .
S . . . . t . . en larreit

1194 Unc    1211 A. en m. en

El l . . . t al . . m . .

Que . . me . est si . . .

Que li maris od li geust

1230 E la dolente conceust

Ou . . . s serreit . . .

Ou c . . t deg . e a estros

E por ceo fu il comande

Quant ceo out este . . .

1235 Am . . s qu'il . . . .

Sanz respit que il i meist

. . . qui od . . . . .

Q . en cele . . . f . st

Seignors, por deu ore esgardon,

1240 Quel comencement nus avon:

E si porron veeir al oil,

De quel vilte vient nostre orgoil.

Quant home od la femme s'asemble

Por lor delit que bon lor semble,

1245 Qui vient de tel chaitivete

E qui . . . . . . . .

Se la femme . . t enfant

Ja . . m . quele est . .

Ne soffera tel . . . die

1250 Ne . . . ai ki me dedie

Car pere Innocent le me dit,

Qui ordena e fist l'escrit

De la condicion humaine

E conut bien tute la paine.

1255 Il dist e ceo est bien semblant

Que en cele . . est . . nt

Re . . . en v . . .

E . . . norri . . . me

T . . qu'il vient a . . .

1260 Donc n'a ci biau comencement

Dont home se deit orgoillir

1239 (?) Ore p. d. ore c.    1251 Car . . . e

E noblesce e bobanz coillir.
Quant il est venu en aage,
Il preist garde s'il fust sage
1265 De sa premere vesteure.
Quant il n'a de sa cote cure
S'el n'est estreite e champoneise,
Il deust veeir quel richeise
Il porta ceus terre ici
1270 V . . . . jeol . . .
Sang . g . e . el . e laide.
E que est ceo que il sohaide
Quant . . st . rs de cele . .
Le premerain cri que il gette
1275 Est de misere e de dolor
S'il fust mort ainz qu'il veist jor,
Si come Job dit en son livre,
De mult grant paine fust delivre.
S'il fust morz ainz que il nasquist
1280 Que ja lumere ne veist *. 106
N'en cest monde entree n'eust,
Beneure e gari fust.
    Job qui onqes n'ot son pareil
En terre ne suz le solail
1285 En dreiture e en leaute
Conut bien ceste dolente,
Dom il dist ceo que nus lison
En la premiere lecon,
Quant des morz faimes le servise.
1290 Ore entendez qu'ele devise.
"Deus" fait Job, "por quei m'ostas tu
De la ou jeo fu conceu
Que jeo ne fui tut degasto
Ainz que oil m'eust esgarde,
1295 Ou que jeo ne fui enfoi
Si tost com del ventre eissi,

1263 est *fehlt*    1281 entre

Ou que enseveli ne fui
En cele pelette ou jeo jui
Que ja n'euse veu jor.“
1300 Dolz Jesu, verrai salveor,
Que dirron que si dolenz somes,
Quant li mieldres des prodes homes
Qui si ami de deu esteit
Parla issi ici endreit?
1305 Seignors, avez oi dont venent,
Cil qui les granz orgoilz maintenent,
Quant il sont en poeir venuz.
Nus nesson tuz povres e nuz
Sanz escience e sanz vertu.
1310 Plusors nessent si malostru,
Si hidos e si cuntrefaiz
E si bocuz e si contraiz,
Si horribles, si bestornez,
Que c'est grant honte qu'il sont nez.
1315 Tute lor vie en dolor sont
Que ja une joie n'avront
Ne au nestre ne au morir
Ne ja rien fors plor e sopir:
Honte en ont peres e parenz
1320 E en parolent plusors genz.
E cil qui tuz lor menbres ont
E qui biauz e alignez sont,
Quant l'en les a si bien norriz
Qu'il sont biaus e granz e forniz
1325 E il deussent fruit porter
E lor bones odors mostrer,
Si come bons arbres plusors
E herbes de bones odors
Qui font bon fruit e bone graine
1330 Qui est vertuose e saine,
Donc font tel fruit que rien ne valt.

---

1298 jeo sui        1324 Qui s.        1326 bons

Quant le blc deit gernir, si falt:
Quant home creu deit bien faire,
Donqes fait il tut le contraire.
1335 Donc fait l'arbre plus a cherir
De qui le bon fruit selt venir,
Les mirres e les aromates,
Les encens, les pomes gernetes,
Les balmes e les oignemenz,
1340 Qui ont mester a tantes genz,
E les especes delitouses,
Qui sont bones e vertuoses,
Le giroffle, le garingal,
Le gengivre e le citoal
1345 E la canele e le comin
E le peivre qui tant est fin
E autres especes plusors
E herbes de bones licors.
Le bon arbre fait le bon fruit
1350 Qui est mult bon e cru e cuit.
Tuz ces fruiz ad home en baillie
E si ne se porpense mie
Quel fruit il fait: certes malveis
E vilain e ord e pudneis.
1355 De l'arbre vient la bone gome.
E que est ceo que vient del home,
Qui est tant de bele estature
E sor tuz bele creature:
Quel fruit est ceo qu'il rent de sei?
1360 Jeol vus dirrai en meie fei,
Ne sont pas chastaignes ne noiz,
Mes ceo sont lentes e pooiz.
Tel est le fruit qu'il selt porter.
Don ne se deit il bien vanter
1365 E orgoillir e mener bruit,
Quant de sei veit issir tel fruit.

---

1338 encens e les    1355 labre

Ja si bon fruit ne mangera,
Quant par son cors passe avra
E il vient a la basse issue
1370 Qu'otre mesure ne se pue,
E quant mielz valdra a l'entrier
E plus purra au devaler,
Que il mesme suffrir nel puet:
Quant delivre est, fuir l'estuet
1375 Son nes e sa boche estopant.
Ne deit il bien mener bobant,
S'il a maschie un bon morsel
Ou d'un choisne ou d'un simenel
Ou d'un oisel ou d'un pesson
1380 Ou d'une bone vencison,
Si li cuers ne le puet porter,
Ainz li le estuet regeter.
Don ne serreit ceo grant reproche,
S'il le remeteit en sa boche?
1385 Maint home nel porreit sofrir.
E se il l'estuet escopir,
Come maint home fait sovent,
Reume qui del chief descent,
Ou ceo qui del ventrail habunde
1390 Qui desqu'a la gorge sorunde,
Ou ceo qui del nes li depure,
Cele vilte, cele laidure:
Por quel loer reprendreit il
Cele chose qui est si vil
1395 Que od son pie la marche e covre?
Merveille est que il nel recovre
A la dolcor d'humilite,
Quant il veit tel fragilite.
Merveille est com orgoil le tient,
1400 Quant il veit ceo que de lui vient.
Quant home deust faire fruit

1382 (?) Ainz lestuet     1391 (?) li *fehlt*

Par qui deable fust destruit,
Almones e oblacions,
Geunes e afflictions,
1405 Donc comence ses leccheries,
Ses traisons, ses tricheries,
Ses pecchiez qui l'alme honissent
Qui toteveies la traissent. ꞏ 107
E quant il ne puet mes pecchier
1410 Ne par sei lever ne cochier
E il est si vielz qu'il redote,
Donc recomence sa riote.
Dont est il autre feiz enfant.
Cels loe qui furent avant,
1415 Cels blasme qui sont endreit lui.
Donc recomence son enui.
Donc li recovient il norice.
Donc ne prent il rien a delice.
Donc est frailes e acorbiz.
1420 Donc comence son ploreiz.
Les orailles li assordissent,
Le chief crolle, les denz porrissent.
Ne se puet abevrer ne pestre.
Grant ennui est d'entor lui estre.
1425 Donc le recovient il bercier.
Donc i a mult a adrescier.
Ne puet aler ne ens ne hors.
• Li put l'aleine e tut le cors.
En son lit fait tut son afaire.
1430 Donc li est tute rien contraire.
En ceste misere languist
Desq'a tant que l'alme s'en ist
Del vessel ord qui l'a honie
Par orgoil e par glotonie.
1435 Se ore avez bien retenu
De quel leu vus estes venu

---

1428 Li *fehlt*

E quel fu vostre comencaille
E quels ert vostre definaille
E que valt quanque vus avez
1410 Que ja ne serrez asazez
E que tut vostre sen valdra
Si tost com vie vus faudra,
Bien devriez laisser orgoil
Qui vus maint el cuer e en l'oil
1445 E en la main e en l'oraille
E el pie e en la sorceille,
En la langue e en chescun membre.
Home qui a dreit se remembre,
Puet bien veeir por verite
1450 Que tute chose est vanite,
Por quei el monde se travaille,
Se n'est almone qui li vaille
Ou servise que a deu face
Por aveir s'amor e sa grace.
1455 Car sanz sa grace ne puet nus
Venir a son regne la sus.
Qui le suen regne velt conquerre,
Il li estuet vaincre la guerre
De ses treis mortels enemis
1460 Dont al comencement vus dis.
    D'orgoil e de sa nacion
E de sa generacion
Vus veil uncor dire e retraire
Por ceo qu'ele est le plus contraire,
1465 Le plus mal e le plus felon
E le plus desleie larron
De trestoz les vices mortals.
Si com li or sor tuz metals
Est plus chier e plus precios
1470 E plus riche e plus gracios,
Ausi orgoil (bien le sachiez!)

---

1444 en oil     1455 sa *fehlt*

Est sor toz les autres pecchiez
Plus mordant e plus decevable
E plus familier au diable.

1475 Car quant deu out crie les angles
Les poestes e les archanges,
Un en i out de tel biaute,
Qu'il ne volt a la majeste
Obeir si com il deveit,

1480 Por la biaute que il aveit.
Por sa biaute s'enorgoilli.
Compaingnons od sei acoilli
E dist "seignors, ceo est desrei
Que nus devon tuz a un rei

1485 Obeir. tenon nus de ca,
E il se tienge par de la!
Si miparton ceste baillie!"
Maintenant fist une saillie
Li angles od sa legion

1490 Desqu'en la neire region.
Del ciel en enfer trebucha,
Si tost com par orgoil peccha.
E sachiez que tuit cil chairent
Qui a son voleir consentirent

1495 E sont diables, e serront.
Tant feront mal com il porront.
Quant li angle furent chau
E deus out lor siege veu,
Qui estoit voi e agasti,

1500 Un home de limon basti.
D'un poi de terre un home fist
E en un mult biau lieu le mist
Q'om dit le parais terrestre
Ou mult faseit delitos estre.

1505 E por ceo que deus ne volt mie
Que home fust sanz compaignie,

_____

1478 Qui     1496 E tant

Femme de sa coste forma

E a compaigne li dona.

De tuz les fruiz de cel vergier

1510 Lor dona congie de mangier

Fors d'un pomer tant solement

Qu'il lor defendi plainement.

Li diable out grant envie,

Quant cels vit espirez de vie,

1515 Que deus out fait a son plaisir

Por le biau siege raemplir

Dont l'orgoil l'ot fait trebuchier.

Si mist a els faire pecchier

Paine e travail quanque il pot

1520 Com cil qui grant envie en ot.

En forme de serpent se mist,

En cel pomer rampa e dist

"Fole femme, se tu seusses,

Quel avantage tu eusses,

1525 Se de cest fruit goste aveies,

Ja une hore n'i atendreies.

Se tu en aveies goste,

Autant avreies poeste

E autant force e science

1530 Come la haute sapience."

     La chaitive crut la parole.

Del fruit manga, si fist que fole.

E son seignor manger en fist.

E damnedeu tantost les mist

1535 Hors de cele beneurte

En doel e en chaitivete. f. 108

En paine e en travail vesquirent

E grant engendreure firent,

Dont tut li monz est puis venuz,

1540 Hauz e baz e granz e menuz,

E maint humble e maint orgoilous.

_____

1525 fust     1529 sciencie

Mes cel orgoil fu merveillos,
Qu'Adam ne volt premerement
Obeir au comandement
1545 De son criator, de son mestre:
Ainz volt e quida son per estre.
Nule folie n'est greignor
Que de reveler vers seignor.
Li sire deit justiser l'omme.
1550 De celui qui manga la pome
Prist nostre sire grief venjance.
E celui qui par sorquidance
Cuida vers lui le ciel tenir,
Fist il diable devenir.
1555 En terre ad puis orgoil regne.
E deus le dampne e a dampne
E a la fin le dampnera.
E orgoil tut dis regnera
Tant que deus autre feiz revienge
1560 E que son grant concire tienge.
Quant li concires ert feniz,
Serra desconfiz e honiz
Orgoil e durement plessez
E el fonz d'enfer abeissez,
1565 Dom il james ne resordra.
En cels que dammedeus voldra
Mener en pardurable vie
N'avra puis orgoil ne envie.
Mes or tant com cist siecles dure,
1570 Ou il regne une gent oscure,
Dont l'en ne puet les cuers veeir
Jesqu'il vienent en grant pooir,
Est orgoil en sa fortelesce.
Envie e luxure e mcresce
1575 E tutes les filles orgoil
Sont ui cest jor en tel escoil:
N'i a cele qui n'ait grant rote
De malveise gent e de glote.

E lor semence est si creue
1580 E sorundee e espandue
Que le furment deu est beissie
E le malveis ble eshaucie.
Si est grant dolur e grant honte.
Le salveor nus en reconte
1585 Mult bele essample en l'evangire
Que jeo vus voil maintenant dire.
Il nus dit qu'un prodome fu
Qui un matin s'en est issu
E sema en son champ forment.
1590 Sis enemis celeement
Vint apres qui point nel ama.
Desus le biau furment sema
Garzerie e droe e neele
E yvraie qui la cervele
1595 E tut le cors del home empire.
A garant en trai l'evangire.
    Quant li prosdom vint vers l'este
Veeir e regarder son ble
Coment il esteit bien creu,
1600 Si a son biau forment veu
Soz le malves ble acochie
E l'autre par desus drescie.
Donc mist ses serganz a reson
"Jeo ne semai se furment non,"
1605 Fait il "seignors, en mon champ ci:
Mes ceo m'a fait mon enemi.
Sa male semence i a mise
Qui la meie bone a malmise."
"Sire" font il, "nus sarcleron,
1610 Se le congie de vus avon,
Vostre furment: sil ferom net."
„Soffron" dist il "jesq'en jugnet.
Se vus ore le sarcliez,

---

1612 (?) ignet

Mon furment defoleriez.

1615 De si q'en aust atendron
Que trestuz les blez seieron.
Idonc mon furment eslirrez,
En mon biau gerner le mettrez.
L'autre ble lierez par fes:

1620 En un feu qui n'estaindra mes
Le geterez sanz retenaille
Que puis n'en seit ne grain ne paille."
    Seignors, vus devez bien entendre
Que ceste parole velt prendre.

1625 Deus qui tut le monde forma
Est cil qui le forment sema.
C'est a dire por verite
Trestuz les biens de charite.
E diable sema tuz mals

1630 E tuz les vices criminals.
Le champ senefie cest monde
Qui ausi com la mer profonde
Est perillanz e tormentos.
Mult i a ui des coveitos.

1635 Les anges que deus a la sus
Eussent bien les mals ceus,
Se il volsist, pieca ocis:
Mes il soeffre e atent tut dis
Saveir s'il se repentireient.

1640 Car greignor joie asez aureient
Li ange d'un bon peccheor
Qui retornast de sa folor
E volsist faire penitance,
Que il n'aureient sanz dotance

1645 De nonante e de noef esliz,
Si com devise li escriz.
    L'aust senefie cel jor,
Qui mult ert plain de grant dolor,

---

Que deus nus vendra tuz jugier
1650 E rendre a chescun son loier,
Tel com il avra deservi,
Tant com il a demore ci.
Donc se provera la semence
De charite, d'obedience.
1655 E la semence al enemi
Sera tute arse, jeol vus di.
Mes as semences deviser
Voil jeo un petit aviser.
    Quant deus sema humilite,
1660 Qui est dame d'antiquite
Sor totes les autres vertuz,
Cil qui del ciel esteit chauz,
Sema orgoil e felonie,
Qui onques puis ne fu fenie. <sup>f. 109</sup>
1665    E quant nostre seignor sema
Chastee que il tant ama,
Li diables sema luxure
E leccherie sanz mesure.
    Quant damnedeu sema largesce,
1670 Qui tutes les vertuz adresce
E enbelist e enlumine
Come la plus bele reine,
Diable sema avarice
E coveitise qui norice
1675 Est de tuz pecchiez criminals,
Fontaine e sorse de tuz mals.
    Quant damnedeus sema amor,
E li malfez ire e rancor
Haine e envie durable.
1680 C'est l'ainznee fille au diable.
    Quant damnedeu sema concorde,
E diable guerre e descorde
E gorgueton qui tuz jorz dure

---

1650 rendra a    loeir    1665 Q quant

E maltalent oltre mesure.
1685 Quant deus sema bele parole
E ducur qui est simple e mole,
Le diable sema tencon,
Homicide a poi d'acheison.
Quant deus sema ferme creance,
1690 E diable desesperance.
E quant deus sema verite,
Cil qui mals est d'antiquite
Sema menconge oltreement
E parjure e fals jugement.
1695 Quant deus sema sobriete,
Encontre ceo sema malfe
Yvresce e tute glotonie
Dont multe gent est ui honie.
Quant deus sema obedience
1700 Simplesce e bone pacience,
E diable sema revel
E estrif e noise e apel.
E quant deus sema leaute,
E li diables fausete
1705 E contencon e tricherie:
Mult creist ui ceste garzerie.
Quant deus sema e enseigna
Que home od femme s'asembla
Com od s'espose leaument,
1710 Diable sema largement
Fornicacion, avoltire,
E sodomie qui est pire
Que nule autre male aventure:
Car ele vait contre nature.
1715 Quant damnedeus sema franchise,
E li diables coveitise.
E quant deus sema corteisie,
E li traitres vilainie.

_____

1698 mult    1700 en b.    1703 Q quant    1705 tencon

Deus sema merci e pite

1720 E que l'om peust son pecche
Devant sa mort espeneir
Par paine e par travail soffrir,
E cil qui hiet amendement
Sema que sanz delaiement
1725 Fust peccheor a mort livre
Desqe il avreit mesovre.

Deus sema almone e bienfait
E que tut ceo que home atrait,
Donast por deu e departist
1730 Anceis que mort le sopreist:
E cil qui bien ne puet amer
Sema q'om deust auner
Tut ades e nient despendre
E emprenter e nient rendre.
1735 Deus sema q'om levast matin
E q'ome oist de quier fin
Au mostier le servise deu:
E cil qui malice e en fieu
Sema q'om dormist longement
1740 E q'om alast premerement
Entor les cures terrienes
Qe as besoignes crestienes.

Quant deus sema veir discor,
E diable faus plaideor
1745 E faus juge qui prent loier
Por dreite justise abcisser.

Quant deus sema que l'on prestast
A som prosme e q'om li aidast
Quant il serreit en poverte,
1750 En mesaise e en grant chierte:
Encontre ceo sema diable
Usure e le prester a gable
E les presenz al usurier

1719 E eus    1721 espenir    1736 qom loist

Por faire la dette chargier
1755 Tant q'aquiter ne se peust
L'ome qui emprunte eust.
   E quant deus sema oreison
E geune e oblacion,
Diable sema larrecin
1760 E que l'en robbast son veisin.
   Deus sema predicacion:
E diable detraction
E faire devant bele chiere
E dire le mal en deriere.
1765  Deus sema que l'on socurust
A home qui mestier eust:
E diable sema desdeign
E eschar qui est grant meheign.
   Deus sema verraie simplesce:
1770 E cil qui hiet tute proesce
Sema ble qui mult fructefie,
Vaine gloire e ypocresie.
   Encontre un bien que deus sema, .
Qui trestuz les biens enseigna,
1775 Li diables sema dous mals
Ou treis ou quatre criminals.
Tant sont ui ces mals bien creuz
Que li furmenz deu est cheuz
E verse soz la garzerie,
1780 Dont orgoil a la seignorie.
Tute la gent por poi mestreie.
Tutes ses filles vvont en preie.
Tant pernent gent qu'il n'en est conte.
Rei ne duc, ne baron, ne cunte,
1785 Borgeis, paisant ne vilain
Ne vavasor ne chapelain,
Empereor ne ammiraut
Ne se defent de lur assaut:

---

No font dames ne damoiseles.
1790 Ne fust le chastel as pucceles,
Ou bone gent trovent abri,
Le monde fust pieca peri. ꞏ 110
Orgoil eust peca conquis
Tut le monde, jeol vus plevis,
1795 Se cest petit chastel ne fust,
Qui n'est de piere ne de fust
Ferme par devant sa cito.
Pacience e humilite
En sont les dames avoees,
1800 Grant piece a en furent doees.
Si ne lor porreit tolir nus.
Car li haut sires de la sus
Les en doa qui les maintient.
Qui au chastel herbergier vient,
1805 Ja n'i avra porte tenue.
Trestuit sont le de sa venue.
La dedens sont les filles deu,
Qui le chastel gardent de fieu.
Icest chastel, dont jeo vus cont,
1810 Des le comencement del mond
A guerre contre une cite
Que orgoil tient en herite.
    Or vus dirrai quel hostel a
Qui al chastel herbergier va,
1815 E come cil herbergie sont
Qui a la cite gesir vont.
Vers la cite a bele veie.
Vers le chastel, se deu me veie,
Ele est estraite e aspre e dure
1820 E mult forte tant com el dure.
Qui envers le chastel s'en vont
A grant travail lor veie font.
Mes qui puet venir a la porte,

---

1799 les *fchlt*

Trove une dame qui conforte
1825 Tuz les povres e tuz les nuz.
Desqe li ostes est venuz,
Ne li estuet fors au porter
Parler de rien qu'il ait mestier,
S'il velt sojor, dras ou viande:
1830 Maintenant a quanqu'il demande.
Almone a non ceste reine,
Qui de jorz ne de nuiz ne fine
Por mettre enz plus, se plus en trove.
En ceste baillie se prove
1835 Almone qui la est portere.
Ceste baillie a si entiere
Qu'el ne trove qui la desdie.
Largesce a la senescaucie,
Qui de tut l'ostel garde prent
1840 E le pain e le vin despent
E tut la char e tut l'estor
E si garde tut le tresor:
E tut est livre par sa main.
Ne ja n'atendra lendemain
1845 De ceo que deit la nuit livrer:
Maintenant s'en velt delivrer.
Henor e joie e corteisie
E sobriete qui n'est mie
Trop endormie ne trop lente:
1850 Ces quatre, a cui mult atalente,
Font al mangier servir les tables
E ont mult corteis conestables
Qui tut ades font cest servise.
Dreiture e amor e justise
1855 E verite qui hiet contenz
Sont as plaiz e as jugemenz:
E misericorde e pitie,
Quant li forfaiz sont ajugie,

---

Sont a receivre les merciz

1860 Des granz forfaiz e des petiz.

Pes e fei gardent le chastel

E vont de kernel en kernel

E font corner e font gaiter

Por lor mesnee rehaiter.

1865 Humilite e paciencie

E la reine obedience

Sont la mont en la mestre tor,

E esgardent le bel ator

E lo servise la dedens

1870 Que lor socurs font a lor genz.

Charite siet au mestre deis.

Mult. est li servises corteis,

Que ses filles laenz li font

Que le chastel en baillie ont.

1875 Uncore i a une reine

Que tut le chastel enlumine:

C'est la plus bele e la plus clere.

Norrie fu el sain al piere

Qui trestut le monde cria.

1880 Nule si tresbele n'i a.

C'est chastee que jeo vus di.

A mienuit e a misdi

Cerche les choses e les liz

Laienz as granz e as petiz.

1885 Ceste est tant bele e nette e pure

Que ja n'i soffera ordure.

Tuz les ostes coche e solace

E tuz les encole e enbrace.

Tels puceles el chastel a.

1890 Qui laenz herbergier s'en va,

De tutes cestes est serviz

E henorez e conjoiz:

Ne james, s'il velt le sojor,

---

1889 Teles     1892 conoiz

Ne s'en partira a nul jor.

1895 Honte e pecchie e vilainie
Ont la premeraine baillie
Des hostes conduire e mener
La ou il deivent sojorner.
Quant venu sont a la grant sale,
1900 Une portiere i trovent male:
Car felonie i est hussiere.
Nus n'i entre qu'ele n'i fiere
Ou qu'ele ne bot ou n'enpaingne.
N'i a un sol qui ne s'en plaingne.
1905 Quant les ostes deivent mangier,
Eschar les fait tuz enrengier.
Ordure lor aporte napes
Sor lor genoilz e sor lor chapes.
Avarice les sert del pain:
1910 En son giron e en son sain
Musce quanqu'ele puet tenir
Al aler e au revenir.
Escharsete est cusinere.
Ja n'i remaindra piece entiere,
1915 Dont el ne face dous ou treis.
Queqe ceo seit ou sale ou freis,
S'ele aveit cent chauderes plaines,
N'i remandreit dous pieces saines,
Que tutes ne fussent pincees
1920 Ou d'aucune part acorcees. [111]
Al us de la boteillerie
Siet tuteveies glotonie:
Les poz e les picchiers sozlevo
E beit iloec tant qu'ele creve.
1925 Yvresce qui sovent s'acope
Sert al deis de la mestre cope
Devant orgoil l'empereor,
Qui est de la cite seignor.

---

Quant les tables servies sont
1930 De tels mangiers com il les ont,
I recerche tuz les mestiers,
Bat marescals e bat portiers.
La verge plaine de totices
A tuz jurz ses verges feitices
1935 A ferir quanque ele ataint.
Tuz les tence, tuz les destreint.
Quant · il est tart apres mangier
E vient al hore de cochier,
Luxure cerche tuz les liz
1940 E fait ses filles e ses fiz
Gesir ensemble tut la nuit
E engendrer le malveis fruit.
Par tels manieres de baillis
A orgoil ses ostes asis:
1945 Encusement e fausete
Tienent les plaiz de sa cite:
Tricherie juge les dreiz,
Traison done les conseiz.
Menconge porte les messages.
1950 Fei mentie prent les passages,
E larrecin e bole e gyle
Gardent les portes de la vile.
Coveitise porte la borse.
Tuz les deniers conte e enborse
1955 Nuit e jor quanqu'el puet rabler.
Usure preste por gabler.
Barate e descorde sont gaites.
Sovent i a triwes enfraites.
Sodomie e detraction,

---

1930 les *fehlt*    1933 — 1935 *Verdorbene Stelle.*
*Prof. Tobler vermutet:* bat portiers
D e verge plaine de tortices.
A tuz jurz ses verges feitices
A ferir quanque il ataint.
1941 tute    1958 enfraintes

1960 Faus ris e adulacion
E desesperance e tristor
Sont la sus en la mestre tor
E desplient lor gomfanons
Por acener lor compaignons.
1965 Vaine glorie & ypocrisie
Ont tute la cite hordie
Nus n'i entre de nule part
Matin ne seir, ne tost ne tart,
Qui a cestes treu ne rende
1970 Ou ne lor face grant offrende.
E quant orgoil se vait combatre
Por la gent deu vaincre e abatre,
Envie porte sa baniere.
Ceste est tut la plus maniere
1975 De la gent naffrer e ocire.
El fait remettre come cire
Trestuz les quers ou ele habite.
Ele est pire que mort subite.
Ceo est dreit, que subite mort.
1980 Ele envenime e point e mort.
Li diables n'a autre foldre.
La ou ceste seme s'apoldre,
N'avra james pes ne repos.
Ceste fait frire char e os
1985 E denz estraindre e cuer crever
E les braz mult sovent lever
E le poign clorre por ferir.
Ceste sole fait plus perir
Gent de cloistre e gent de baillie
1990 Que trestote la compaignie
Que orgoil puet mener en fuerre.
Ceste maintent tote sa guerre.
  Ceste cite dont jeo vus cont,
A ses legaz par tut le mont.

1971 quant *Tobler*] grant    1979 que *fehlt*    1987 p. i lorre

1995 Orgoil vait par tute la terre.
Tut velt aveir e tut conquere.
De Costentinoble e de Rome
E de France, ceo est la some,
Velt il aveir la seignorie.
2000 La claime il ancesorie.
En Engleterre a mariees
Treis de ses filles les ainznees,
Envie e luxure e yvresce.
Iceste semence se dresce
2005 Mult durement en cel pais.
Tuz les regnes en sont malmis.
Ne sai ui regne, c'est la fin,
Qui a cestes ne seit enclin.
Molt en est la nef destorbee
2010 Qui a saint pere est comandee,
Dont vus orreiz uncore encui,
A qui que il tort a ennui.
Mes celui qui por nus pendi
En la croiz ou il s'estendi,
2015 Si veirement come jeo crei
En celui com en sovrain rei
Qui sor tuz autres a puissance,
Pri jeo qu'il me dont circumstance
A ma boche e tel garde i mette,
2020 Que jeo vers lui ne me malmette
En nule chose que jeo die.
Maint home qui autre chastie
Manace sovent qu'il fera
Tel chose que ja n'avendra.
2025 Por celui qu'il velt chastier
Jure qu'il le fera lier
Ou aucun des menbres tolir
E il n'a de rien tel desir
Come de celui avancier

---

2001 E en    2006 E tuz    2029 de lui

2030 Qu'il prent issi a manacier.
Jeo mettrai hors par aventure
Parmi ma boche tel laidure
Por cest vilain monde reprendre
Que vus ne devez mie entendre
2035 Que jeol face fors sulement
Por le preu del chastiement.
Maint home i a qui se chastie
Quant l'en li mostre sa folie
E s'en repent e en a honte.
2040 E maint i a qui n'en tient conte.
E en celui a poi d'espeir
Qu'il puisse gaire henor aveir.
  Por cels chastier e reprendre
Qu'en tante guise vei mesprendre
2045 Ai jeo cest livret comencie,
Dont aucun serra avancie,
Si deu plaist, qui lire l'orra,
Qui la cite reneira ꞌ ¹¹²
E irra servir les puceles
2050 Qui sont amiables e beles.
Por faire vus hair cest monde,
Ou orgoil e pecche sorunde,
Me penerai de mostrer vos,
Come cest monde est envios,
2055 Qui bien i voldreit esgarder.
Mult se devreit home garder
Que il ne chaist en ses laz
Ou en poi d'ore faut solaz.
  De la misere vus ai dit,
2060 Dont el ventre sa mere vit
Li emfes qui naist a dolor.
E quant il vient ca hors au jor
E l'en l'a a paine gete
De cele grant chaitivete

---

2058 Quen    fait    2059 Ce la    2063 (?) gete *fehlt*

2065 E tant nurri qu'il siet reson
E que il vient a la seison
Que il devreit fructefier
Come l'olive ou le fier,
Si come jeo vus dis anceis,
2070 Dont torne il tut a gabeis,
Ceo qui a son grant preu apent
E que sa mere li aprent:
Jeo di sa mere sainte iglise,
Dont il refuse le servise.
2075 Dont ne li chaut quel veie il tienge.
Mes q'a sa volente avienge.
Mult done deus bele aventure
A cele fole criature.
Au jor que il recut baptesme
2080 E fu enoint d'oile e de cresme,
A icel jor fu il purgie
De tut original pecchie.
Dont fu il fiz deu moillere,
Net e pur, fin e esmere,
2085 De Jesu Crist e de s'espose.
Deus, tant serreit l'alme joiose,
Se la meschine ou le vaslet
Li gardast son vessel si net
Com il esteit a icel hore!
2090 Donc li pleust mult la demore.
    Quant l'enfant vient a prinseigner,
Ainz qu'il seit porte baptizer,
Il devient fiz deu vereiment.
Donc reneie il plainement
2095 Diable e tuz ses ovraignes.
E li prestres li baille enseignes,
Quant il est releve des fonz,
Qui ne sont mie trop parfonz.
Une vesteure novele

---

2089 est a        2096 prestes

2100 E en sa main une chandele.
En la chandele e el cresmel
Est le mistere saint e bel.
Il deit aveir, quant il est grant,
Lampe plaine de oile ardant:
2105 C'est a dire por verite,
Bone ovre faite en charite.
E il deit aveir vesteure
Si bele e si clere e si pure,
Quant as noces serra somons,
2110 Qu'il ne alt as ses compaignons
Emprunter ceo qu'il deit aveir.
Tut deit estre atorne au seir
Qu'il seit tut prest oltreement:
Car l'espos vendra sodement.
2115 L'enfant est le plus net del monde
Al hore que il ist del onde,
Des fonz ou il est baptize:
Donc n'i a tecche de pecchie.
Idonc est Jesu Crist son pere
2120 E sainte iglise est donc sa mere,
Qui est espose Jesu Crist.
Son parein qui des fonz le prist
Li fist doncques l'autel beiser
E puis se mist au repairer.
2125 Donc fu l'enfant regenere,
C'est a dire autre feiz ne,
Si com li salvere Jesus
Enseigna a Nichodemus.
Quant l'enfant est regenere,
2130 Donc est il fiz deu moillere.
Quant il est grant, si li est tart
Que il seit devenu bastard.
Quant il est home parcreu
E il a cest monde veu

---

2114 sodement *Tobler*] sodeement *s. Anm.*        2126 nee

2135 E il est colez es deliz,
    En petit d'ore s'est honiz,
    Tost ad sa chandele guerpie
    E sa vesteure enlaidie.
    Son pere e sa mere guerpist,
2140 Tut hors de lur conseil s'en ist.
    Sa mere sovent le chastie
    E le reprent de sa folie
    E mult l'amoneste sovent,
    E il let tut coler au vent.
2145 "Biau fiz" fait ele, "ou alez vus?
    Por amor deu le glorius,
    Vostre pere vus blamera.
    Por amor deu revenez ca!"
    Sainte iglise assez le chastie,
2150 E li dolenz ne la creit mie.
    Donc l'acuelt son pere a hair,
    Mes desque il velt revenir
    E le conseil sa mere creire,
    El l'acorde a son pere a veire.
2155 Aucun revient, aucun s'en fuit.
    E cil qui fuient, sont destruit,
    Qu'il vvont entre lor enemis
    Ou il sont mordriz e ocis.
    Home ne velt ui crere rien
2160 De son profit ne de son bien.
    Il ne fine de coveiter.
    Or quide ome bien espleiter
    Qui riches est e averos.
    Deus, ceo dit, la fait euros.
2165 E com il a plus grant richesce,
    Plus est en paine e en destresce
    De plus aveir, de plus conquere.
    James n'ert asaze en terre.
    Tuz jorz est home en ceste paine.

---

2162 q. lome

2170 Tant aime la glorie mondaine,
     James ne quide qu'el li faille.
     Mes de folie se travaille.
     Malveise preie e fole chace!
     Car en poi d'ore en pert la trace.
2175 Il teise al monde retenir:
     Mes il n'en puet a chief venir. ᶠ· 113
     La ou il mielz le quide aveir,
     Si ne puet oir ne saveir
     Quel part sa preie en est alee,
2180 Ou en monteigne ou en valee.
     Par fei ci a mult fole preie.
     La ou jeo cuit qu'ele seit meie
     E jeo la voil prendre e partir,
     Si ne la sai par ont tenir
2185 Ne jeo n'ai oil dont jeo la veie.
     Entre est home en fole veie,
     Qui tel preie muet e enchauce.
     Car la value de sa chauce
     Ne li valt quant il a tut fait,
2190 Ne il mesmes ne siet ou vait,
     Bien s'est donc travaille en vain.
     Allas, allas as fiz Evain!
     Allas au monde, qui ui est
     A tute vilainie prest!
2195 Allas as menbres e au chief!
     Allas, tant est la dolor grief,
     Quant l'enemi del chief descent,
     Qui par tuz les menbres s'estent.
     Je vus os bien dire e jurer,
2200 Nul cors ne puet gaires durer,
     Puisque la teste en est trenchee.
     Se la fontaine est entoschee
     Que tut le mond deit abevrer,
     Par tens le convendra finer.
2205 Il ne puet mie autrement estre.
     Dolz Jesu Crist, halt rei celestre

Plain de pitie e de franchise,
Sire, maintenez sainte iglise!
Gardez vostre liale espose,
2210 Qui tant est bele e delitose:
E tels sermenz e tels fiances,
Tels pleges ne tels aliances,
Ne furent com entre vus a.
Li haut sires vus asembla:
2215 Si ne vus puet nus departir.
Li apostre e li bon martir
L'ont de lor sanc enluminee
E dediee e confermee:
E vus primes la confermastes,
2220 Sire, quant vus la dediastes
E fondastes sor ferme pierre
E la baillastes a saint Piere
E a trestuz ses successors.
Biau sire, enveiez li socors!
2225 Sire, ne vus en ennuiez,
La nef saint pere conduiez
Hors des perilz e des tormenz
D'entre les wages e les venz,
Ou ele est ui en grant travail.
2230 Sire, gardez le governail
Par la vostre misericorde,
Qu'il seit lie de bone corde!
Il est tels qu'il ne deit pas fraindre.
Cil qui governe deit destraindre
2235 La nef e mener a dreit port
Plain de solaz e de confort.
Il deit el plus haut lieu seeir
E tut environ lui veeir
De quel part la tormente vient,
2240 Par out trespasser le covient.
La nef ne puet mie perir

---

2218 dedie     2225 en *fehlt*     2257 seir

Por chose qui puisse avenir.
El puet bien estre tormentee:
Mes el n'iert ja si adentee,
2245 Si quassee ne si desrote
Qu'ele ne vienge en dreite rote.
Seignors, vus devez tuit saveir,
C'est la nef saint pere por veir,
La nef saint pere est sainte iglise,
2250 Que deus li a en la main mise
A cunduire e a governer.
Mes or comence a iverner
Plus durement que onques mes.
Jeo vei trestuz les venz engres,
2255 Jeo vei les torbotes lever
De tutes parz parmi la mer,
Si que jeo, qui en la nef sui,
En ai poor e grant ennui.
Mes jeo sai bien que deus maintient
2260 Celui qui le governail tient.
Certes, seignors, nus devon tuit
A celui qui la nef conduit
Obeir e faire trestut
Ceo qu'il comande sanz redot.
2265 Il nus deit a tuz comander
Que nus aidon a amender
La nef e trestut son ateivre
Que il ne nus estoece beivre
De la mer qui est mult amere.
2270 Obeir devon a saint pere
E ensement a son vicaire
E tut son comandement faire.
Sachiez que en ceste nef sont
Trestuit li crestien del mont.
2275 Mes il i a tant d'une gent
Coveitose d'or e d'argent

Qu'il font la nef croistre e branler
E hors de dreite veie aler.
Cil qui plus pres del mestre sont
2280 Qui par la nef vienent e vont
Por amender, por adrescier
Ceo que li vent solt depecier,
Ces galioz, ces mariners,
Cil aiment trop roges deners.
2285 Onques uncore nul fevros
Ne ydropiqe ne lepros
Ne but autresi volentiers
Come cil prenent les deners.
E quant coveitise est raiz
2290 De tuz mals e de tuz perilz
E la gole desatelee
Qui ne puet estre saolee,
La faim qui tuz les biens devore,
La traitresse qui acore
2295 Trestuz les cuers on ele habite,
La deslaiee, la maldite,
Qui envenime e point e mord.
Qui en la pardurable mort
Maine l'ome el parfont abisme
2300 E li tolt le regne hautime:
Quant ele est tele com jeo di,
Jeo m'esmerveil, jeol vus afi,
Mult durement que nostre mestre
Soefre en la nef tele gent estre <sup>f. 114</sup>
2305 Par quei li diables i entre
E li trestrenche tot le ventre
E la fait por poi afondrer.
Ceo me fait trop mal esperer
Que cil sont ses collaterals,
2310 Ses boteillers, ses senescals,
Ses diacres, ses chapelains,

---

2289 est si r.    2309 les c.

Qui tut ades ovrent les mains
E les ungles a cels plumer
Qu'il deivent conduire par mer.
2315 Quant li mestres par itels genz
Fait trestuz ses comandemenz
A ceus qui sont en la nef bas,
Merveiller ne vus devez pas
S'il ont de cest venim peor.
2320 Certes il en sont tuit peor.
Car plus de cent mire e cent mire,
Plus millers que nus ne puet dire
A en la nef qui mal en dient
E qui tut plainement s'escrient,
2325 Que del chief vient la coveitise,
Qui a tute la nef malmise.
Car quant cil qui la nef governe,
Quant bel fait e quant il yverne,
Est de tel gent avirone
2330 Qui li ont a mangier done
E a beuvre cent mile feiz
E sont ades a ses conseiz,
Coment se porra il por rien
De lor venim garder si ben
2335 Qu'il n'en sente aucune estencele?
Si m'ait la virge pucele,
Jeo ne puis pas veer coment,
Se damnedeus ne l'en defent.
Mes deus puet son home garir
2340 La ou cent mire estuet perir:
E autresi veraiement
Com il soffri por nus torment
Le gart de tute vilainie
E le maintienge en bone vie!
2345 De sa persone ne deit nus
Plus que il deit del ciel la sus

---

2320 en *fehlt*    2325 Qui    2941 (?) E des a.

5 *

Mesdire por nul acheison.
Mes cels qui li sont environ,
Cardenals, legaz e provoz,
2350 Qui por loier serront des noz,
Se nus avon cause a treiter
Devreit l'on blasmer e tencier
Quant l'apostoire les enveie
En Engletere ou en Gaweie
2355 Ou en France ou en Alemaigne
Ou en Galice ou en Espaigne
Ou en autres loingtaines terres
Por apeiser les mortels guerres
Il m'est avis qu'il ne font mie
2360 Tut solonc dieu lor legacie.
Les riches iglises conquerent
E les riches evesquiez querent
A lor nevoz, a lor parenz.
Ne semblent mie saint Lorenz.
2365 Ja bien ne feront lor mestier,
S'il n'i prenent aucun loier.
Mult aiment la blanche moneie
E plus icele qui rogeie.
Plus que autres coveitos sont
2370 E lessent, quant il s'en revont,
Ceo dit aucun, de lor semence
E trespassent obedience.
 En la nef saint pere ou nus somes,
Seignors, a de mult prodes homes
2375 E si i a trop de bastarz.
E si i veit hom des colverz
El ventre lor mere combatre
E al plus fort le fieble abatre.
Li halt mestres a ma devise
2380 En deust faire grant justise,
Se dous princes sont a descort:

---

2361 querent    2362 conquerent    2375 i *fehlt*

E qui a dreit, e qui a tort,
Devreit Rome enquere e cerchier
E faire le tort adrescier.
2385 E qui creire ne l'en volsist,
Bien fust reson qu'il le batist.
Rome ne deit pas, ceo m'est vis,
Se un de ses fiz ad mespris
E voille faire adrescement,
2390 Enveier sus lui erraument
Son greinor fiz por lui confondre.
Mult le deust anceis somondre.
E blandir e amonester
Que faire son regne gaster.
2395    Quant Franceis vont sor Tolosans,
Qu'il tienent a popelicans,
E la legacie Romaine
Les i conduit e les i maine,
N'est mie bien, ceo m'est avis.
2400 Bons e mals sont en toz pais:
E por ceo velt deus q'om atende:
Car mult li plaist que home amende.
E qui offre a ester a dreit,
Il m'est avis que l'en devreit
2405 Atendre tant que l'en veist
Queles amendes il feist.
Sainte iglise ne deit faillir
A qui a li velt revenir.
Quant Pieres qui si prodom fu
2410 Enquist del salveor Jesu
Saveir mon so il pardorreit
Siet feiz a qui demandereit
Penitance de son trespas,
Deus respondi enislepas
2415 "Jeo ne di pas" dist il "siet feiz:
Mes se tu reconuis e veiz

---

2390 Enveeir

Qu'il seit dolent de son mesfait,
Pardonez li setante e siet.
Setante e siet feiz li pardone,
2420 Se il de merci t'aresone!"
Por ceo deust mult Rome atendre
A si greve venjance prendre,
Que nus avon veu sovent,
Dom ele a fait comandement.
2425 E por ceo semble que la nef
N'a mie biau tens ne suef.
Jeo vei les torbotes lever.
De tutes parz parmi la mer
Les torbotes levees sont.
2430 Car jeo vei ui par tut le mont
Comencer guerres e contenz
E gent drescier encontre genz. ꞏ¹¹⁵
Jeo vei pestilences e faims.
De tuz mals est li mondes plains.
2435 Jeo vei tels signes avenir
Que bien resemble que fenir
Devreit li monz hastivement.
Ne deit pas durer longement.
Jeo vei une mult grant dolor.
2440 Jeo vei confusion e plor
Entre les fiz de sainte iglise.
Jeo vei que il ont guerre emprise
Entre els par merveillos oltrage,
ꞏ E si n'ont mie l'heritage
2445 Nostre seignor uncor rescos.
La croiz ou il morut por nos
Ont lesse as paens tenir.
El sepuclre ou il volt gesir
Ont lesse establer roncins
2450 E defoler le a mastins.
Jeo voi le pais absolu,
Ou deus ovra nostre salu

---

2427. 2429 torbotes

E ou il fu ne e norriz,
Que lessie l'ont trestuz ses fiz
2455 En prison pres de quarante anz.
E jeo vei que ses fiz sont tanz,
S'il se volsissent entreamer
Que nus nes peust entamer
Ne descomfire ne percier.
2460 Or vei l'un vers l'autre drescier,
Entremangier e entreprondre.
Je vei le fiz au pere vendre
E au fiz le piere trair.
Trop fait li mondes a hair.
2465 Trestuit li crestien del mont
Qui en cest termine este ont
Que ceste honte est avenue
Deivent mult doter la venue
Nostre seignor, ceo m'est avis,
2470 Quant il ne se sont entremis
De rescore son heritage.
Certes ceo est mult grant hontage.
Que dirra il, quant il vendra
E son grant concire tendra?
2475 Ne lor dirra nostre seignor
Quant vendra al daerain jor,
Qu'il ne furent onqes ses fiz
Ne ses feulz ne ses norriz,
Ne q'onqes ne li aportindrent,
2480 Quant de sa honte plai ne tindrent?
Que dirra il as plus puissanz
Qui sont riches e forz e granz,
As dux, as contes e as reis?
Que dirra il a ces Franceis
2485 Qui si preisiez chevalers sont
Qui par devant croizer se font
Sovent contre ces Aubigeis?
Il a plusors de ces Franceis,

Qui autretant a blamer font
2490 Come font cil sor qui il vont.
Certes il ne me peise pas
Ne ja nel orreiz en nul cas,
Se vos les mescreanz grevez
E hors d'entre les bons sevrez
2495 E getez de la nef en l'onde
E neiez en la mer profonde:
De ceo ne sui jeo pas greve.
Mes ainz que ceo seit acheve,
Il i avra mult de bons fiz
2500 Par acheson des mals periz,
L'en ne puet le forment sarcler
Sanz lui malmetre e defoler.
Si fust mielz, ceo semble a maint home,
S'il pleust au conseil de Rome
2505 Quel feist mettre aillors tel coust
E qu'el lessast deq'en aust
Crestre l'ivraie od le forment.
Car deus avra en un moment
Tut departi e devise.
2510 Ja n'i aura gaires vise
Fors qu'il dira as suens "venez!"
E as maleuros "alez!"
De Rome me semble merveille
Que tels bosoignes apareille
2515 E de sa honte ne prent garde.
Il m'est vis, qui bien i esgarde,
Que tel honte a Rome n'avint,
Puis que saint Piere primes tint
Le governail, com as noz tens.
2520 Savez de quel honte jeo pens?
Jeo pens d'une mult grant henor
Qui avint a Rome a un jor,
E puis si pens d'une grant honte

Qui tote cele honor sormunte.
2525 Un pou de crestiene gent
Qui aveient quer e talent
Del heritage deu conquere,
Erent croize par mainte terre
Tant qu'il s'esteient ajoste
2530 Devant une bele cite
Riche e fort e mult bien fermee,
Par ont nus avion l'entree
En Babilonie e en Egypte.
Cele henor ne fu pas petite,
2535 Quant par la grace deu l'eumes.
Mes bien garder ne la scumes.
Par grant miracle fu conquise
E des noz genz tenue e prise.
E bien la tenisson uncor.
2540 Mes trop i a des fiz Achor.
Il i out trop, ceo est la fin,
Dez fiz Achor, des fiz Carmin.
Car trop i out des coveitos,
Qui mult furent plus curios
2545 De l'or embler e retenir
Que de la bosoigne fornir.
Por un legat qui governot
L'ost des crestiens e menot,
Ceo dist aucun en verite,
2550 Perdimes nus cele cite
E par folie e par pecchie.
Bien nus deit estre reprochie.
Car puis que clerc a la mestrie
De conduire chevalerie,
2555 Certes ceo est contre dreiture.
Mes alt li clers a s'escripture
E a ses psaumes verseiller
E lest aler le chevaler

A ses granz batailles champels
2560 E il seit devant ses autels ᶠ· ¹¹⁶
E prit por les combateors
E assoille les peccheors.
Mult deust estre Rome mate
De la perte de Damiate.
2565 Se jeo fuisse de Rome sire,
James tel honte ne tel ire
Ne me serreit del cuer passee,
Toz jorz serreie eu quant pensee,
Tant que jeo m'en fuisse venge.
2570 Certes anceis veie jeo gie
Il m'est avis que j'i alasse
E des mes fiz od mei menasse
Si grant torbe e si grant rengee
Que ma honte serreit vengee.
2575 Jeo acordasse tuz mes fiz
Ou ges tenisse por maldiz.
Quant il fuissent tuit acorde,
Jeo lor mandasse de par de
Qu'il venissent sus les felons
2580 E lor feisse granz pardons
E desq'en Jersalem alasse
E le saint sepucre venjasse,
La croiz meisse en son estal,
Le temple e le saint hospital
2585 Delivrasse des mescreuz
E aquitasse les treuz.
Deus, qui verra james cel jor!
Deus, il aura si grant henor,
Qui la sainte cite remette
2590 En dreit estat e face nette.
Il ne deit or mie estre a nestre.

---

2567 passe        2569 vengee        2570 *Prof. Tobler vermutet:*
veie geo de *als beteuernder Ausruf.*        2571 me avist        2581 Jeru-
salem        2582 E *fehlt*        2588 il *fehlt*

Plus de quarante anz ne deit estre
La cite en chaitiveson
En servage ne en prison:
2595 E il sont por pou acompliz.
Deus, donc vendra cel vostre fiz!
Par deu jeo crei que il vendra
E que gaires ne demorra
Cil par qui serra restoree
2600 La sainte cite henoree.
Meus deus, qui aura tant vescu
Que il ait icel jor veu!
Deus, qui vendra james el lieu
Que il puisse veeir lo feu
2605 La veile de pasche venir
E al colump el bec tenir,
Si com il suelt faire jadis!
Deus, qui ert a cele hore vis
Qu'il veie la procession
2610 Aler par grant devocion,
Flors e rains de palmes porter
E a portes oires entrer!
    Car en pensez, reis e marquis!
Laissez vos guerres, vos estris,
2615 Vos coveitises qui vus lient,
Vos envies qui vus oscient,
Vostre orgoil qui le ciel vus tolt!
Pernez la croiz qui vus assolt,
Qui tant par est simple e legiere!
2620 S'ele peise en une maniere
Por le travail qui i urent,
Esgardez que ele vus rent!
Pernez garde que est la solte!
Ele vus gette de la volte
2625 D'enfer, le puant, le parfont,

---

2598 demora    2604 veer    2614 g. e vos    2621 *Prof.*
*Tobler vermutet:* qui i apent

E si vus trait au ciel la mont.
Ele vus rent vostre heritage,
El vus met al plus halt estage,
El regne que ja ne faudra.
2630 Tut cist mondes que vus vaudra?
De quantque ci pocz conquere,
N'aurez vus que set piez de terre:
La porrirez en petit d'ore.
Quel coveitise vus acore?
2635 Quele envie vus a raviz?
Or ne me tornez mie enviz
Vos orailles ne vos corages!
Si deu plest, si fereiz que sages.
Car uncor vus dirrai avant.
2640 Por ceo que jeo voil le besant
Nostre seignor multeplier,
M'estuet uncore despleier
De mes paroles entre vos
Por reprendre les orgoillos
2645 E les autres malves qui sont,
Qui a la cite orgoil vont.
L'en deit les mesfesanz reprendre.
Les nonsavanz deit l'en aprendre.
Les nonveanz doit l'en mener.
2650 Les cheanz deit l'en relever.
Le povre deit l'on herbergier,
Le geun pestre e aasier,
Le nu chaucier e revestir,
Le malade pestre e covrir,
2655 L'emprisone revisiter,
Le mort covrir e enterrer.
L'en deit plaider (ceo est la fin)
Por la vedue e por l'orfanin
Maintenir e garder lor dreit.
2660 Qui itels ovraignes fereit,

---

Lo besant deu mettroit a creis
Come sergant bon e curteis.
   Aucun i aura, s'esdevient,
Qui demandera dont ceo vient,
2665 E que cest besant senefic:
E bien est dreiz que jeol vus die.
Jeo vus dirrai a une some.
Tut le bien que deus met en home
C'est sont besant que il li baille:
2670 E se l'home ne se travaille
De cel bien crestre e alever,
Por malves sergant e aver
Iert tenu e aura grant honte
Au jor del daerain aconte.
2675    Jeo truis en l'euvangire escrit
Une parole que deus dit
A ces deciples en sermon.
Ore entendez sanz contencon.
Il dit que un prodome sage
2680 S'esmut en un pelerinage.
Mes ainz qu'il se meist en l'eire,
(Ceo me fait l'evangire acreire,)
Apela treis de ses serganz.
Si bailla a l'un cinc besanz
2685 A l'autre dous e au tierz un.
Solonc ceo bailla a chescun
Que sa vertu sout e conut.
E puis ala la ou il dut. ᶜ·¹¹⁷
E apres ceo qu'il fu meuz,
2690 Li serganz, qui out receuz
Les .v. besanz, espleita tant
Qu'il en gaaigna autretant.
E li secundz fist enscment.
Mes li tierz ovra folement.
2695 Car une fosse en terre fist,

_____

2678 Orei e     2688 *dit

Le besant son seignor i mist.
E quant li sires retorna,
Ses treis serganz aresona,
Qu'il orent fait de son aveir?
2700 E li premiers li conta veir.
"Sire" dist il, "tu me baillas
.v. besanz, quant tu t'en alas:
E jeo en ai puis tant ovre
Qu'autres .v. en ai recovre."
2705 "Tu as bien fait" dist il, "amis,
Qui de mon preu t'es entremis.
Or serras par la feelte
Bailliz de mult bele plente.
Si tei baudrai aveir greignor.
2710 Entre en la joie ton seignor!"
Li secundz li redist "biau sire,
De meie part vus puis bien dire.
De vos dous besanz ai fait quatre."
"Donc ne te dei jeo mie abatre"
2715 Fait li sires "de mon servise.
Le mien auras a ta devise.
Issi le te pramet e veu."
Li tierz, qui n'aveit fet nul preu,
Vint au seignor e dist itant
2720 "Sire, veiz ici ton besant
Trestut entier e bien garde."
E li sires respont "par de,
Tu n'es bon sergant ne feel:
Ne tu ne sauras mon conseil
2725 Ne ma joie ne partiras.
Hors de ma maison t'en irras
E de tute ma compaignie.
Car lesse as par felonie
A multeplier mes chatels."
2730 Seignors, li escrit est itels:

2718 *fet *fehlt*    2726 *ma *fehlt*

Mes grant senefiance i a.
Nostre sire qui tut cria
Puet estre entendu el prodome.
Li deu sergant (ceo est la some)
2735 Sont tuit cil qui sa lei eshaucent
E son non maintenent e haucent:
E cil en sa joie enteront,
Quant tutes choses fineront.
E cil n'i metra ja le pie,
2740 Qui son besant aura muscie.
Si come tels i a le font.
Mult par est fols qui le repont
E qui le lesse en terre porrir.
Mes qui del crestre e del norrir
2745 E de mouteplier se paine,
Cil aura la joie certaine.
Car uncor baille ui en le jor
A ses serganz nostre seignor
Ses besanz a mouteplieier.
2750 Quant il fait un bon chevalier
Ou un bon clerc ou un sage home
Qui a tut l'empire de Rome
Porreit par son sen conseiller,
E cil ne se velt travailler,
2755 Mes trestute sa vie muse,
Que rien de sa bonte n'en use
El servise nostre seignor:
Quant vendra al daerain jor,
Quidez que deus ne li demant,
2760 Qu'il aura fait de son besant?
Oil, jeol sai certeinement.
Damnedeus done largement
A l'un proesce, a l'un poeir,
A l'un vertu, a l'un aveir,
2765 A l'un sen, a l'un eloquence:

2743 quil l.     2757 *El regne n.     2761 *jeo sai

E qui de ceo ne fait semence,
Tant dementres com il le puet,
Le besant son seignor enfuet.
　　Mult deit l'on blamer le sergant
2770 Qui en terre enfuet le besant.
　　Quant deus dont tut li bien habunde,
M'a done grace de facunde
E langue delivre e aperte,
Jeo vei ma honte tute aperte,
2775 Se jeo me tes, quant jeo sai dire
Coment nus devrion despire
Cest monde e ses granz vanitez
E ses pesmes iniquitez.
Jeo voil prover par l'evangire,
2780 Se deus m'a done de bien dire
La grace, ne me dei targier,
Mes son besant creistre e chargier,
Que jeo n'en seie acheisonez,
Quant j'en serrai aresonez.
2785 E deus qui langue me dona ῾
E qui tant dolcement parla
A la femme Samaritaine,
Que il trova a la fontaine,
E a la dolente entreprise,
2790 Qui d'avoltire esteit reprise
E deveit estre lapidee,
Si com il volt que fust sauvee:
Jeo me voil a sa grace rendre
Si que li lai puissent entendre
2795 A lor prou ma narracion
Qui lor tort a salvacion.
　　Jeo vus dis au comencement
De cels que deus a dolcement
Somons a son riche convi,

2800 Qui se retraient d'aler i.
Jeo vus ai dit dont orgoil vient,
E dom il surt e qu'il devient.
Jeo vus ai dit dom home vient
E que tut son orgoil devient.
2805 Jeo vus ai dit des clers lettrez ·
Qui coveitent les hauz degrez,
Les provostez, les legacies,
Par quei lor almes sont nercies.
De ceus qui aunent l'aveir
2810 Certes vus ai jeo dit tut veir.
Les reis qui ont les poestez
Vus ai jeo un petit tastez.
Jeo vus ai dit des clers Romainz
Qui as autres rungent les mains.
2815 De la nef qui est en tormente
Ne cuit jeo pas que jeo vus mente. f. 118
Des semences vus ai jeo dit
La verite en cest escrit.
De la cite qu'orgoil maintient
2820 E del chastel qui rien ne crient,
Pyqois, mineor ne asaut,
Ou nul prodom d'ostel ne faut
E ou il a tant biau servise,
Vus ai jeo faite la devise.
2825 De la croiz ou deus s'estendi
Que Judas le felon vendi.
De son pais que paiens ont,
Dont crestiens a blasmer font,
Vos ai jeo un petit toche.
2830 Laidement lor ert reprochie,
Ceo quit jeo, au daerain jor,
Que il n'ont plus este entor
De delivrer a damnedieu

---

2801. 2803 vint    2802. 2804 devint    2816 pas *fehlt*
2818 en est    2824 fait

Son heritage e son dreit fieu.
2835 Crestiens qui entre els font guerre
E ont laissie la sainte terre
Si longement desconfortee,
Ont bien lor proesce avortee.
    Fols crestiens, dolenz chaitis!
2840 Levez vos eulz, dresciez vos vis!
Esgardez com aoust est pres
Qui ne retornera james.
Ja sont prest e meuur li ble.
Que cueldreiz vus? q'aveis seme?
2845 Qui tant de leisir a eu
Que il a seisante anz vescu
E ne rendra a damnedeu
Une muee de bon ble,
Quant tuz les blez serront colliz,
2850 Ne deit il estre malbailliz?
Certes oil: c'est bien reson,
Quant il en si longe seson
N'a labore tant solement
Qu'il eust un grain de forment.
2855 Jeo vus os bien dire por veir
Que cil deit mult grant honte aveir
Qui est fort e delivre e sain
E bon ovreor de sa main,
Quant tut l'este est en oisdive,
2860 E quant il vient a la mestive,
Que ses veisins coillent lor blez
Dom il ont les gerniers comblez,
E li folz est si voiemain
Qu'il n'a un espi ne un grain.
2865 Jeo ne vus sai dire a nul fuer
L'ennui que j'ai eu au cuer
Aucune feiz, quant jeo veeie
Que mon veisin aveit grant meie

E ble assez a la seson,
2870 E jeo n'aveie a ma maison
Une glene ne un espi.
Mult me grevot, gel vus afi.
E si ne m'ennuiot il mie
Por ceo que jeo eusse envie
2875 De son bien ne de sa richesce,
Mes por honte de ma peresce,
E jeo avei oises este
Tut le quaresme e tut l'este.
Seignors, oisose est mult grant vice.
2880 Car ele est veirement norice
De luxure e de maint pecchie.
E savez com est engigne
Maint ovreor que j'ai veu,
Qui a son travail despendu
2885 En tel lieu ou rien ne colleit
Por ceo que la terre failleit?
En malveise terre e en vaine
Pert fol laboreor sa paine
Car il n'en cuelt fors espineiz
2890 E orties e joinceieiz.
E cist e cil qui est oisos
Sont engigne, ceo est l'estros.
L'un est oisos: l'autre travaille,
Mes nient en lieu qui li vaille.
2895 Ces dous chaitis de faim morront,
Quant autre gent bon ble auront.
    Par iceste essample entendez
Vus qui vos vies despendez
En malves us e en vilains,
2900 Que vus n'aurez rien entre mains
Quant vos veisins auront forment.
Ceo iert au jor de jugement
Qu'il auront le regne des cieus,

2903 ciels

E vus dolenz, chaitifs e cieus,
2905 Qui ceste terre cotivez
Tant dementres que vus vivez,
Dont vus ne recevez bon fruit,
Serrez gabbe laidement tuit
E engigne e deceu,
2910 Quant vus aurez aparceu
Come tute chose s'en vait
Fors sul almone e le bien fait.
Quanqe l'em fait en ceste vie
Tienc a oisose e a folie
2915 Fors sulement d'un rei servir
Qui puet faire vivre e morir.
En sa vigne fait bon ovrer:
Car puis que vient a l'avesprer
I puet l'en guaaigner son pain.
2920 Ja nus ni ovrera en vain.
　　Ore oiez q'en dit l'evangire.
El reconte que nostre sire
Dist a ses deciples un jor
Un assample de grant dolcor.
2925 Car ceo dit deus, que un prosdom
Eissi un jor de sa meison
Matin por ovrrers aloer,
Enveer en sa vigne ovrer.
Cels que il trova maintenant
2930 Aloa par tel covenant
Qu'a chescun dorreit un denier.
Cil n'en firent onqes dangier.
Quant vint vers tierce apres la prime,
Si revint cel seignor mesme
2935 Qui retrova oisos ovriers.
Si les renveia as premiers
E lor pramist qu'il lor dorreit
Del suen tant com reson serreit.

---

2904 d. e ch. e ciels　　2906 E tant　　2920 *ovra

Endreit midi en retrova
2940 Des musanz: si les aloa.
Vers none en retrova d'oisos:
Si lor a dit "que fetes vus?
Alez, si ovrez en ma vigne!"
Cil n'i firent onqes bargigne, <sup>f. 119</sup>
2945 Ainz i alerent demaneis.
Mes li jor torna en descreis
E la relevee aprisma,
E li sires s'en devala
El marchie enmi la cite.
2950 Sor les estals a regarde:
Si vit ovriers oisos assez
Qui la estoient amassez.
"Que avez" dit il "tot jor fait?"
Cil responent "mal nus estait.
2955 Nus ne peumes ui trover
Home qui nus volsist loer."
"Donc vus vait" dist il "malement.
Alez la sus delivrement
En ma vigne as autres ovriers:
2960 E jeo vus rendrai volentiers
Vostre loer solon reson
Solonc le jor e la seson."
Cil saillent sus e vont ovrer.
Mes onc nes i covint suer:
2965 Car tost fu tens d'ovre laissier.
Lors apela son despenser
Li prosdom e li dist "amis,
Or va, si com jeo ai pramis
Rendre lor deserte as ovriers!
2970 Car il ont ovre volentiers.
E comence ta paie a faire
Sor cels qui or vindrent n'a guire,
E t'en va desq'au premerain

---

E met a chescun en sa main
2975 Son denier: si les laisse aler!"
Donc les comence a apeler
Li serganz, si les fist rengier
E baille a chescun son denier.
Cil qui matin venu esteient
2980 Quiderent bien, quant il veoient
A chescun son denier aveir,
Qu'il deussent plus receveir:
Si grondirent e murmurerent
E od le seignor en parlerent.
2985 "Sire" font il "ceo coment vait?
Des ui matinet avon trait
La paine e le travail pesant.
Or n'a chescun fors son besant:
E cil qui or endreit sorvindrent,
2990 Qui del travail rien ne sustindrent
Ont autretant com nus avom."
"Par fei, seignors" fait li prosdom
"Nul tort ne vus faz, ceo savez,
Quant vostre covenant avez.
2995 Peise vus, si jeo faz ma grace?
Ne me liest il que del mien face
Ma largesce si com me plest?"
A icest mot chescun se test.
Quant deus out ceste essample dite,
3000 Si lor a overte e descrite
Une sentence assez legiere,
"Issi" dist il "seront ariere
Cil qui sont venu premerain
E devant els li daesrain.
3005 Des apelez i a granment:
Mes li esliz sont clerement."
Ore avez l'evangile oie.

---

2977 arengier    2980 *Q. mult b.    veient    2983 gron-
direrent    3000 *coverte

Mes ne savez qel senefie,
Plusors de vus, se clers ne sont
3010 Ou se de clers apris nel ont.

Li prosdom, qui matin au jor
Mist les ovriers en son labor,
Senefie le rei de glorie
Qui done a ses ovriers victorie.
3015 Car quant deus ot par le deluge
Sauve Noe dedens sa huge
E sa mesnee e ses enfanz,
Sempres refu li mondes granz
E restorez e recreuz.
3020 Donc rest li haut prosdom eissuz
De sa meson e si vint quere
Ovriers por laborer sa terre.
Por sa vigne a dreit cotiver
Vint ovriers quere e aloer,
3025 Dont aloa novels ovriers.
Abraham fu tuz li premiers
Qui fu prince des prodes homes
De la qui semence nus somes.
A tierce aloa Moyses
3030 Qui en la vigne out grant fes.
E puis revint endreit midi.
Si aloa le bon Davi
E endreit none Daniel
Qui bon ovrier fu e leel.
3035 Vers le vespre est deus devale
Enz el marchie de la cite,
Quant il vint vers la fin del monde,
E prist en la pucele monde
Humanite por nus guavir.
3040 En nostre char se vint covrir.

---

3010 *son *fehlt*   3014 *a ses ovriers done   3015 ot *fehlt*
3016 *Sauva   3019 *escreuz   3022 *p. aloer sa   3035 *vespree
3036 *Enz *fehlt*

En cest monde vint prechier
E veie de vie enseigner.
Donc trova gent qui ne creeient
Qui longement muse aveient.
3045 A' nostre seignor distrent doncqes
Que il n'aveient trove onqes
Que lor eust dit ne mostre
La veie de lor salvete.
Donc lor sist deus novele lei.
3050 Donqes apela il a sei
Pierres e Johan e Andreu.
Cil furent en la vigne dieu
Ovriers si lieal e si fort:
Onqes par dotance de mort
3055 Ne faillirent a lor seignor.
E il lor fist si grant henor
Qu'il lor dona le denier d'or
E si lor bailla son tresor
A departir e a despendre:
3060 E il si firent sanz mesprendre.
Mes dreiz est que jeo vus responde,
Coment li termine del monde
Sont assignes a cels del jor.
Si vus aurai getez d'error.
3065 Tant com li jorz a plus dure
Al hore qu'il est avespre
Envers ceo qui est a venir,
De ceo vus deit bien sovenir:
Autresi aveit dure plus
3070 Li mondes, quant deus vint ceus
Envers ceo que puis en i a.
Issi le me senefia ⸿ 120
Li bons evesqes de Paris
Morices, de qui jeo l'apris.
3075 E uncor en autre Latin

3057 * Qui lor     3063 *assigne

Deus aloe ovriers au matin,
　Quant il prent un home en enfance
En sa lei e en sa creance.
A tierce aloe les asquanz,
3080 Quant il les prent endreit trente anz
En sa lei e en son servise.
E li midis nus redevise
Cels q'endreit .xl. anz visite
La grace del saint espirite.
3085 Endreit none prent il plusors
Qui ont pres assome lor cors.
Vers le vespre redescent il
Come dolz e come gentil,
Quant il les prent en lor fieblesce
3090 E en la fin de lor veillesce:
Ou dreit sor le point de la mort
Em trove aucun qui se remort
E se repent e merci crie
E regehist sa tricherie
3095 E par fine devocion
Requiert e prent confession
E une horette el cham labore.
E vient la mort qui donc l'acore
Bien repentant o bien confes.
3100 Il n'a pas sostenu tel fes
Veirement com ont li premier.
Si avra il tut le denier.
Tant par est deus simples e dolz.
Or seit posez qu'aucuns estolz
3105 Parolt a deu e si li die
"Deus, ja ai jeo tote ma vie
Ci en ta vigne labore
E soffert la pluie e l'ore:
E tu fez celui per a mei
3110 Qui n'a labore endreit sei

_____

3087 *redrescent    3091 morte

Fors une horette mult petite."
E deus respont "jeo sui tot quite
De ton covenant, biaus amis:
Tu as ceo que jeo te pramis,
3115 Tu as le regne pardurable.
Ne puis jeo estre merciable
Vers cestui qui vint orendreit?
Ma seignurie que vaudreit,
Se del mien doner ne poveie
3120 Tut por nient, se jeo voleie?"
    Or poez entendre, seignors,
Que deus enveie tost secors
A qui l'apele de bon quer:
Mes nul ne se deit a nul fuer
3125 En ceste esperance targier
D'estre en la vigne deu ovrer.
Maint fol pense en sa conscience
"Deus, jeo puis bien aver licence"
Fait il "de faire cest pecchie,
3130 Tant que veillesce m'ait cerchie
E gete hors de ma juvente."
Ceste pensee est mult dolente
E mult pesme e mult decevable
E vient par engin au diable.
3135 Car nus n'a terme de sa fin.
Tel est mort puis jeui matin
Que l'en peust trover erseir
Plain de sante e de poeir.
Seignors, por deu pernez i garde!
3140 Car li lerres que mal feu arde
N'atent fors q'endormiz nus truisse
Si bien que desrober nus puisse.
Fetes come chevaliers font
Es herberges, quant peor ont

---

3119 *doneie   3122 *enveit   3129 *de *fehlt*   3130 merchie
3136 geui (*Best.* gee)

3145 Que la nuit assailli ne seient.
Lor enemis sevent e creient
Qu'assaillir les vendront la nuit.
Donc verrez que il s'arment tuit
Que desarme sopris ne seient.
3150 Ausi font cil qui a dreit creient.
Car d'almone e de charite
E d'amer deu en verite
Font entor els un si bon mur
E si espes e si seur
3155 Que il n'i a pertuis ne fraite,
Ne li leres qui tut agaite,
Qui mult volentiers i entrast,
N'i trovera par ont il past.
Seignors, se nus nus armisson
3160 En tel guise, gari fuisson.
Nus qui tanz anz avon muse
E en musant le tens use,
Qu'atendon nus a laborer?
Se il comence a avesprer
3165 E la nuit nus truisse en oisose
Qui tant est neire e tenebrose
(Ceo est la mort que rien n'esparne):
James jor del regne superne
Ne verron clarte ne lumiere,
3170 James de la basse fumiere
N'istron por nule destinee,
Se nus en ceste matinee
Ou ainz la nuit ne nos armon.
Fols sumes qui tant atendon.
3175 Muse avon des c'a midi
E de si q'a none autresi
E desq'a relevee basse:
E veon que tut le jor passe
E qu'il nus faut e qu'il nus fuit:

---

3154 *si esseur     3171 Nistront     3175 de ca m.

3180 E veon que ja serra nuit
　　　E n'avon nule armeure,
　　　Oile, clarte ne vesteure,
　　　Ne rien seme que nus coillon
　　　Fors pecchie e maleicon
3185 E reproche e mesdit e honte.
　　　Que dirrom nus al grant aconte,
　　　Quant respondre nus estovra
　　　A chescun de quantqu'il avra
　　　E pense e fait e parle?
3190 Ja n'i aura rien oblie
　　　Nois une parole vaine,
　　　Qui ne seit aconte a paine.
　　　Allas, chaitifs! que faimes nos,
　　　Qui tant par sumes peresos?
3195 En nostre ordure demorrom
　　　Tant que oltreement morrom.
　　　Ci mostrom nus apertement
　　　Que nus semblon a la jument,
　　　Si come li psalmistes dit.
3200 Il dit "home pense petit, ſ. 121
　　　Quant il est el siecle a henor,
　　　Com il deit servir son seignor
　　　Qui l'a asis si hautement.
　　　Donc fait il come la jument,
3205 A qui l'en puet faire porter
　　　Quantqe l'en velt sus li monter,
　　　E se repose en son femier,
　　　E torne, quant el velt coinner,
　　　Sa crope vers sa mengeore
3210 E puis sa teste en petit d'ore."
　　　Seignors, mult fait home a hair
　　　Que ne velt, quant il a leisir,
　　　Semer ne faire bone ovraigne.
　　　E cil qui en terre baraingne

---

3185 reprochie　　　3194 perescos　　　3204 la *fehlt*

3215 Se travaille, rest deceu.
    Qui bien a cest monde veu
    Un petit d'ore e esprove,
    Merveille est qu'il i est trove,
    Qu'il ne s'en fuit, qu'il ne s'en oste.
3220 Car trop i a un malveis oste.
    Nule chose n'i est estable,
    Nule chose n'i est durable.
    Totes les choses de cest mond
    Com une fumee tresvont,
3225 Un home est orendreit heite
    Qui sempres sera corescie,
    Tristre ou dolent de que que seit,
    De que il ot ou que il veit,
    Ou que il pense ou qu'il desire
3230 Ou de novele qu'il ot dire
    De fiz, de frere ou de parent
    Ou de fait dom il se repent
    Ou de coveitise ou d'envie.
    Tout sa conscience est blemie.
3235 Ja ne passera jor entier
    Que il n'i ait a afeitier.
    Ja sa joie n'iert entiere
    Que en la coe ne la fiere
    Tristesce qui apres li vient,
3240 Tuz jorz fu e toz jorz avient.
    Cil qui orendreit tresche e bale,
    En un moment chiet e devale
    E tumbe el piege ou il est pris
    Que puis n'i a solaz ne ris.
3245 Nule terriene leesce
    N'a nul plus dreit eir que tristesce.
    Apres leesce vient tristor
    E la joie est muee en plor.

---

3218 i *fehlt*    3235 p. un j.    3237 *nach* 3238    3246 (?)
nul *fehlt*    3247 vint

Ceste verite esproverent
3250 Toz lez fiz Job, quant il alerent
A convi chies lor ainzne frere
Qui lor feseit mult bele chiere.
Mult esteient a biau convi,
Quant un vent del desert sailli
3255 Si perillos e si mortel
Que les quatre angles del ostel,
Ou tuz les enfanz Job mangoent
E beveient e s'enveisoent,
Par vive force sozleva
3260 E la meson se deslaca
Qui trestote en un mont chai.
Onqes un sul vif n'en eissi.
En tel maniere defina
La grant joie qui esteit la.
3265 Quant lor pere oi la novele,
Si dist parole bone e bele:
Celui loa e benei
Qui li dona e li toli.
E dist, quant il plainst sa dolor,
3270 Que sa harpe ert tornee en plor
E trestorne esteit son chant
E mue en voiz de plorant.
Por ceo dist il, qui sage esteit,
Que mult meillor aler feseit
3275 A la meson ou l'om plorot
Que a cele ou l'en demenot
Grant balerie e grant convi.
Cil est de bon conseil garni
Qui en sa grant prosperite
3280 Est remenbrant d'aversite:
Cil qui au seir e au matin
Se porpense quele iert sa fin.
Il ne pecchera mie tant

---

3271 trestornee

Qu'il scit dampne a remanant.
3285 Home qui se porpensereit
E ses jorz a dreit contereit,
Vivreit com s'il deust morir
Ainz que venist al aserir.
Veeir puet cil qui bien i garde
3290 Que la nuit vient qui ne se tarde.
Le jor trespasse e la nuit vient
Par ont trespasser le covient.
Par la mort nus covient passer.
Nus hom ne se puet escuser.
3295 E a celui qui est moranz
Ne semblent nient plus mil anz
Que le jor que ier trespassa:
Ceo li est vis quant il s'en va.
Innocent dit que nos morron
3300 Desque a vivre comencon,
E que nus lesson a morir,
Quant nostre vie deit fenir.
Donc valt il mielz morir a vie
Que vivre a mort: n'en dotez mie.
3305 Mortel vie est vie morant:
Ceste parole sone itant.
Salemon loe, ceo m'est vis,
Les morz plus qu'il ne fait les vis:
E celui qui onc ne fu ne
3310 Tient il plus a beneure
Qu'il ne fait le vif ne le mort.
Icest point deit sembler mult fort.
Home vit e vie li fuit.
Ore i pernom bien garde tuit:
3315 Quant la vie del home creist,
Certes e ele plus descreist.
Qui seurement le puist dire

3289 Veer    (?) cil *fehlt*    3298 est *fehlt*    3299 nos
*swei mal*    3304 Que morir a    3311 f. ne le v.    3313 seu-
rement *Tobler*] scaument

E senefier e descrire:
Qui comence a vivre en sancte,
3320 Demain quant il iert ajorne,
A mains a vivre un jor entier.
Tut ceo est a veeir legier.
Chescun jor fait une jornee
Vers la fin qui li est posee.
3325 A tuz les jorz s'en fuit sa vie
Qui retorner ne li puet mie.
Nus hom ne la puet retorner,
Ne nus hom ne puet destorber f. 122
La mort, quant ele deit venir.
3330 N'i a nient del retenir.
De fole pensee s'encombre
Qui velt fuir devant son ombre:
E qui velt sa vie arester
E cuide a la mort contre ester,
3335 Autresi grant folie pense.
Qui n'a fors .c. pains en despense
E chescun jor un en despent,
Quant il a trespasse jorz cent
E il n'a plus pain a despendre,
3340 Autre conceil li estuet prendre.
Ne puent estre trespassez
Les termes que deus ad posez.
    Seignors, tut ceo qui est escrit,
Si com li apostres nus dit
3345 Si est por nus endoctriner.
As essamples devon garder
E as paroles que deus dist
E as ovraignes que il fist.
Deus dist un jor une parole
3350 Qui molt est dolce e simple e mole.
Car il dist, que jadis esteit
Uns prosdom qui dous fiz aveit.

---

3335 Ausi    3338 a fehlt

Quant li puisnez vint en aage
Qu'il devreit ovrer come sage
3355 E qu'il dut son pere servir,
Talent li prist de departir
E d'aler en estrange terre.
A son pere est ale quere
Que sa porcion li feist
3360 De ceo qui a lui aferist
De ses biens e de sa substance.
E li peres sanz demorance
Li fist e dona sa partie.
Neporquant de la departie
3365 Li pesa: se mes en peust,
Volentiers entor lui l'eust.
Mes li vaslez qui fu jolis
S'en ala en lointein pais
E si comenca a dreiture
3370 En leccherie e en luxure
A despendre ceo qu'il aveit.
Tant despendi a grant espleit
Q'en pou de tens out degaste
Quanque il en aveit porte.
3375 E quant il n'ot mes rien en main,
Si li estut quere son pain.
A un citethein s'aloa
E li citetheins l'envoa
A une porcherie as pors.
3380 A mult grant mesaise fu lors.
Car il sorvint en cel termine
En la contree une famine
Si grant que ceo n'esteit pas fin.
E quant il levot au matin
3385 E il alot garder ses pors
Es bois ou es chans la dehors,

Volentiers e a gre menjast,
Se aucun fust qui li donast,
Ausi come ses pors feseient
3390 Qui de racinettes viveient
E des giernotes de la terre.
Mes il ne les saveit pas quere.
"Allas" dist il a sei un jor,
"Tant sui ici a grant dolor:
3395 E tut le plus povre garcon
Que mon pere a en sa meson
A chescun jor plain a plente.
Quant encontre la volente
Mon pere ovrai, bien fu trai.
3400 Bien est dreiz qu'il m'ait enhai.
Par fei jeo m'en retornerai.
Merci por deu li crierai
E reconnistrai mon pecchie
Si qu'il aura de mei pitie."
3405 Issi fist com il porposa.
Onqes anceis ne reposa
Q'a son pere fu revenu.
E quant.sis peres l'a veu,
Qui de loing le vit revenant,
3410 Encontre lui vait maintenant.
Si l'a acole e beisie.
E li fiz s'est agenoillie.
"Merci" fait il, "biau pere chier!
Vus ne me devez aprochier.
3415 Ne sui pas dignes d'estre oiz
Ne d'estre apele vostre fiz.
Vus ne me devez fiz clamer
Ne james finement amer.
Car encontre vus ai pecchie
3420 E vilainement espleitie
E en leccherie gaste

_____

3387 a grace m.      3411 lacole

Quanque del vostre en oi porte.
Mes tant me fetes de franchise
Q'en tut le plus povre servise
3425 De vostre ostel puisse servir
E ma viande deservir
Ou a estre sanz livreison
Com un povre en vostre meson."
"Biau fiz" fait li peres, "par fei
3430 Plus troverez merci od mei."
Tantost ses serganz apela,
Sa volente lor comanda.
"Chauciez le "dist il" e vestez!
Anel en son dei li metez!
3435 Rendez li l'estole premiere,
Sa vesteure la plus chiere!
Revenuz est: mult m'en est bel.
Osciez mon petit veel!
Toz noz amis convieron.
3440 Grant joie e grant feste feron.
Quant mon fiz avon retrove
Qui ert perdu e adire."
Li sergant sanz delaiement
Ont fait tut son comandement.
3445 Li prosdom manda ses amis:
A biau convi les a asis.
Li fiz ainzne es chans esteit
Qui de tut cco rien ne saveit.
Quant il revint e ot oie
3450 E la joie e la symphonie
E le chant que laiens faseieut
La gent qui au convi esteient,
Un sergant a sei apela:
Si li enquist e demanda,
3455 Dont cele grant joie veneit
Que sis peres laienz teueit. <sup>f. 128</sup>

_____ . __ . __ . __ . _____

3436 vestuere

7*

E cil maintenant li respont
"Le plus joios home del mont"
Fait il, "biau sire, est vostre pere:
3460 Car revenu est vostre frere.
Vostre pere por soe amor
Maine grant joie e grant baudor.
Son petit veel a ocis
E convie toz ses amis.
3465 Venez avant e si verreiz
E a lor joie partireiz."
Li autres respont "no ferai.
Ja a lor feste n'enterai."
Quant sis peres sout e oi
3470 Qu'il ne volt entrer au convi,
Contre lui eissi la dehors
E dolcement le preia lors
Que la dedenz od lui venist.
E il li respondi e dist
3475 "Certes, biau pere, no ferai.
Car longement servi vus ai.
Onqes rien contre vus ne fis
Ne vostre mandement desdis.
Or pert bien que petit m'amastes.
3480 Car onqes tant ne me preisastes
Que me donissez un boqet,
Un petit povre chevriet,
Que jeo mangasse od mes amis.
Ore avez por mun frere ocis
3485 E fait tuer vostre veel,
Qui si esteit corteis e bel.
Por mon frere, qui folement
Contre vostre comandement
A vostre sustance gastec
3490 E perdue en autre contree,
Avez ceo fait: mult me messiet."

---

"Biau fiz" fait il, "or ne vus griet!
Vus estes tut ades od mei
En bon amor, en bone fei.
3495 Tut est vostre quanque jeo ai.
Ore oiez que jeo vus dirrai.
Vostre frere perdu esteit:
Trove l'avon. si est bien dreit
Que vus e jeo joie en facom,
3500 Quant sain e sauf trove l'avon.
Venez laienz pur joie aveir!"
E cil respont "no ferai veir."
Issi remest li ainznez fiz
La dehors tristes e marriz:
3505 E li peres entra ariere,
A ses amis fist bele chiere.
Seignors, si ore esgardisson
E par grant cure veisson
Combien ceste evangile porte,
3510 Bien devrion la veie torte
Laissier e la dreite reprendre:
Car mult i porion aprendre.
E deus m'otreit que jeo vus die
A dreit que ele senefie.
3515    Cist prodom, si con jeo l'entent,
C'est li hauz reis omnipotent:
E ses dous fiz dous poeples sont.
Les jues qui longement l'ont
Creu e servi e ame,
3520 Senefient le fiz ainzne.
Nus genz sumus le puisne fiz,
Qui de lui esteion partiz
E en loigteine region
De faim e de seif morion.
3525 Quant sagement nus porpensames,
A nostre pere retornamus.

---

3515 ist p.

E il qui est dolz e pitos
Vint dolcement encontre nos.
Nos vesteures nus rendi
3530 E por nus fist riche convi
Par son veel qui fu oscis.
Soe merci sumes nus vis,
Qui devant ceo mort esteion.
En l'ombre de mort seion,
3535 Quant Jesu Crist nus en geta
Qui de son sanc nus rachata.
Jesu Crist est le dolz veel,
Nostre combateor leel,
Qui por nus deigna mort sofrir
3540 En croiz ou il se vint offrir.
Autresi se laissa mener
E lier e en croiz pener
Com fait au bochier le veel:
E autresi come l'aignel,
3545 Que l'on lie e l'on estrangle,
Ja ne fera noise ne jangle.
Cist nus acorda a son pere.
E que fist donc nostre ainzne frere,
Le poeple qui des jueus fu?
3550 Quant il out cest convi veu
E come nostre pere aveit
Fait por nus plus qu'il ne deveit,
(Ceo li fu avis en son quer)
Onqes puis ne volt a nul fuer
3555 En la meson son pere entrer
Ne nostre grant joie esgarder:
Ceo est a dire sanz dotance,
Qu'il ne volt entrer en creance
Ne conoistre la grant ducor
3560 Que ses peres nus fist au jor
Que il laissa son fiz ocire
Pur nus delivrer de martire,
De famine a refection

E de mort a redempcion.
3565 Ore atent li chaitif dehors:
E nus avum les grauz tresors,
Les besanz son pere en baillie.
E li mescreanz nel siet mie
Ne velt estre au convi od nos:
3570 Tant est chaitif e dedeignos.
Seignors, jeo crei certainement
Que nus poum seurement
Issi entendre ceste lettre.
E si i poon uncor mettre
3575 Un autre entendement legier,
Qui mult fait bien a otrier.
Nus qui somes le puisne fiz
Devrion bien estre garniz
Par le sen de cest evangile,
3580 Qui gardon les pors a la vile
Au citethein od cui nus somes.
Il sont ui cest jor .c.m. homes
C.m. e cent mile por veir
E plus que nul ne puet saveir, *f. 124*
3585 Qui de lor pere sont partiz
Des ceo qu'il esteient petiz.
Des que il vindrent a .xv. anz
Come chaitifs e nonsavanz,
Eissirent hors de son servise
3590 E del ventre de sainte iglise.
Puis ont en luxure vescu
E vilainement despendu
Ceo que il lor aveit preste
De sen, de force e de biaute
3595 E sont par lor mortels pecchiez
Desqu'en abisme trebuchiez.
Por aveir as cors lor delices
En la parfunde mer de vices
Sont enfondrez trestoz envers.
3600 Au citethein se sont aers:

Au diable ont lowe lor cors,
Qui lor fait oui garder ses pors
En grant famine e en cherte,
Ou il ont longement este
3605 Mult fameilos e sanz aie.
Car il n'ont point del pain de vie:
De la parole deu n'ont point.
E s'il vienent en aucun point
Ou il la porreient oir,
3610 Si s'en volent il mielz foir
As pors garder que la remaindre.
Qui deit donc lor mesaise plaindre?
Certes de cels i a grantment
Qui languissent si longement
3615 En ceste faim que il sont mort.
Ja ne vendront a bon recort.
E a maint merci deu avient
Qu'il se porpense e li sovent
Come le plus povre sergant
3620 Qui est chies son pere manant
A pain asez e il n'a rien.
Cil se porpense a dreit e bien.
"Allas" fait il a sei mesmes:
"Come jeo fu a aise primes
3625 Ainz que de mon pere partisse
E que en cest pais venisse.
Or sui mort de faim e perdu.
Par fei trop ai ci atendu.
A mon pere retornerai.
3630 Merci pur deu li crierai,
Qu'il me lest estre en son ostel.
Tut ne seie jeo mie tel
Que il me deie recoillir:
Si ne quit jeo mie faillir
3635 Que acune pitie n'en ait.

3628 ici     3634 quide jeo

Car jeo conoistrai mon mesfait
E que jeo ai el ciel pecchie
E a grant tort l'ai coresce."
Seignors, or sachiez sanz error,
3640 Quant deus veit un tel pecheor
Qui s'en retorne en itel guise
A la merci de sainte iglise,
Il vait encontre, si l'acole
E dolcement a lui parole.
3645 Tantost apele ses serganz
Qui sont sages e entendanz,
Ses chambrelencs, ses chapeleins:
"Pernez" fait il "entre voz mains
Mon fiz e si le me lavez!
3650 Sa vesteure li rendez!
Vestez le mei bien e chauciez,
Anel d'or el dei li baillez!
Perdu esteit: trove l'avon.
Mult grant joie faire en devon."
3655 En ceste maniere est gariz
Li dolenz qui esteit periz.
Par confession est lave
E revestu e ordine
E recoilli el sain sa mere
3660 E 'enbracie des braz son pere.
Por itel peccheor font plus
Li anges joie el ciel la sus
Que por nonante e noef esliz:
Ceo testimonie li escriz.
3665    Bone gent, ausi deus m'ait:
Jeo crei ceo que jeo vus ai dit.
Del siecle e de sa vanite
Vus ai dit fine verite,
Des malvestiez e des ledures
3670 E des pecchiez e des ordures

---

3657 lavee     3658 ordinee     3665 onc genz

E des clers e des autre genz
E des riches qui si dolenz
Serront au partir de cest monde
E de la nef qui est en l'onde
3675 En grant peril e en tormente.
Ne quidez pas que jeo vus mente
De noz treis mortels enemis
Qui nos ont naffrez e malmis
Ne d'avarice la reine
3680 Ne de trestote sa progine
Ne d'orgoil ne d'humilite
Ne de la grant fragilite
Dont le chaitif home est norri
Ainz qu'il vienge entre nus ici
3685 Ne des vices ne des vertuz
Ne de ceo que nus venon nuz
Ici e rien n'en reporton
Al hore que nus en parton,
Se ceo n'est almone ou bien fait
3690 Qui a merite nus seit trait.
Seignors, or nus en porpenson!
De la cite orgoil eisson!
Alon al chastel as puceles,
Qui sont si bones e si beles
3695 Qui si bien nus herbergeront
E si biau semblant nus feront!
En la vigne alon laborer
Ainz que del tut deie avesprer!
E nus avron nostre loier
3700 Ausi bien come li premier.
Pur amor deu atornon nos
D'entrer as noces od l'espos
E gardon que rien ne nus faille
E semon aucune semaille
3705 Qui seit bone e en bone terre!

3674 del nef

Alon la croiz Ihesu Crist quere!
Meton le besant deu a gable!
Lesson les ovres al diable!
Nus qui tant somes afamez
3710 As pors que nus avon gardez
En la famine, en la cherte,
Pernom garde de la plente ᶠ·¹²⁵
Qui chies nostre bon pere habunde!
Ne cuidez ja qu'il nus responde
3715 Fors humilite e dolcor,
Se nus volon quere s'amor!
Lavon nus par confession
Q'en la haute procession
Puisson od les angles aler
3720 E le rei de glorie loer!
E deus autresi vraiement
Com il descendi dolcement
El cors de la virge pucele
Qui est sa mere e fu s'ancele,
3725 Si vraiement com il nasqui,
Si vraiement com il soffri
La mort en croiz por nos pechiez,
Si vraiement come cochiez
Fu el sepulcre li sainz cors
3730 Dont li esperiz ert dehors
. . . . . . . . . .
Par quei enfer prist le mal mors,
Si vraiement com j'ai creance
Que par sa divine puissance
3735 Li peres le resuscita,
Si vraiement com il monta
A la destre au pere la sus,
Si vraiement come ceus
Enveia le saint esperit
3740 A cels a qui il l'aveit dit:

_____

3721 vcraiement (_ebenso_ 3725 _u. s. f._)   3723 virgine   3732 E par

Nus enveit il grace e confort
Que nus puisson devant la mort
De noz granz pecchiez relever
E par penitence laver
3745 Les pecchiez que nus avon faiz
En pensee, en ovre e en plaiz:
E par confession certaine
Nus maine a la joie hauteine,
Que nul oil ne puet esgarder,
3750 Oraille oir ne quer penser.
La quel chose cil nus otreit
Qui en halt maint e qui loinz veit,
Qui est uns deus en trinite,
Ceo est trebbles en unite,
3755 Qui vit e regne e regnera.
E si me doint, quant il vendra,
Aveir si son besant doble
Qu'il m'en lot e sache bon gre!
Amen.

# ANMERKUNGEN.

*[Die von Hrn. Prof. Tobler mir gütigst zugestellten Beiträge überwiegen das von mir selbst aufgesetzte so sehr, dass ich mich entschlossen habe sie zur Grundlage zu machen und meine eigenen Anmerkungen durch eckige Klammern davon zu unterscheiden.]*

*V.* 2 [*Ueber* besnnt *s. Holland, Chrestien von Troïes, Anm. zu S.* 66.]

  8 *Zu* dnrer *„reichen, sich erstrecken" vgl.* 1120. 1820 *und* A une si longue chaainne Qui dure jusqu'an la fontainne, *Cher. au lyon* 386*, Qui plus vos aim c'ome del monde Tant com il dure a la reonde, ebenda* 6277*, Quo Renars court par tout le monde, Tant comme il dure à la réonde, A espandre sa renardie, Jehan de Condé (Scheler) II* 81. *Z.* 1068. *Andre Belege bei Littré.*

 43 *Eher:* l'oseront cil *oder* il, *wegen des Relativsatzes.*

 45 si *für* ci.

 79 [Guillame, uns clers qui fu Normanz. *Das gleiche Tempus findet sich in der Einleitung des Bestiaire s. S. XXIV* Li clers fud nez de Normandie, *und Rom. de Renart* 4851 Pierres qui de Saint Clost fu nez.]

127 [enca *tritt ebenso zwischen eine andere Adverbialconjunction und den von dieser abhängigen Satz im Chev. de la Charette ed. Tarbé p.* 189 Tant en a fet des la enca Ou Lancélot fut enmenez.]

173. 2632 [*Ueber die Grablänge von sieben Fuss s. Köhler in Pfeiffers Germania* 4, 3 74. 5, 64 *und Liebrecht zu Gervasius von Tilbury S.* 87.]

180 loigne *jetzt* longe *„Lendenstück" s. Littré* longe 2, *wo einige altfranzösische Belege für* logne *angeführt sind und die Form* logne *als dem wallonischen Dialect noch jetzt zuständig bezeichnet wird.*

228 *Der Dichter erinnert sich wohl nicht genau des Zusammenhanges, in welchem (Psalm* 47, 7) *die Worte* ibi dolores ut parturientis *stehn.*

257 *Die Emendation macht mir die Stelle eher schwerer verständlich. Ich denke „was es ergreifen und (wem es) Schaden thun wollte" ist die Uebersetzung; oder es ist zu lesen* quil *oder* qui le v. p. c. m. f. „es würde seiner Feinde gewahr werden und vor denselben zu fliehn wissen."*

*V. 260 Man ist geneigt in* c l u t e z *Windeln, Tücher zu finden, aber
ein etwa von* ags. clâð engl. cloth *abgeleitetes Wort würde franz.
schwerlich ein* t *aufweisen; auch das von* Roquefort *und von
Du Cange nachgewiesene* clote *„gewölbter Raum, Kammer"
ist hier nicht zu erkennen; dagegen mag an den im Rom. du
S. Graal 2031. 2034 vorkommenden Sing.* clotest *erinnert sein,
der mit* clote *gleichbedeutend zu sein scheint.*

280. 2480 [p l a i t  t e n i r  d e  *„achten auf."* Q. L. d. R. p. 164 Ne tint
plait de ses paroles; *p. 185* n'en tendrunt mié grant plait.]

290 *Ich würde emendirt haben:* De si que il avra b. *d. h.* „bis (314)
*er besudelt haben wird das Weib oder die Tochter seines Näch-
sten."* Faire amie *bedarf keines zweiten Accusativs,* vgl. Or n'i
aura plus atendu Que je ne sache un cointe dru. *Sept Sages 2505,
2520;* Or n'i aura plus atendu Que je ne sache nouvial dru,
*ebenda 2675.* Por coi dont autre ami feroie? *Jehan de Condé
I 7, 219.* Et loant son cors et sa fache  Et semonnant que ami
fache, *ebenda I 9, 278. S. auch P. Meyers Glossar zu Flamenca
unter* faire.

293 *L.* Se tost n'en a ou vint ou trente, *vgl. 550.*

375 *L.* t r e s o r s *wegen les 377.*

418 s'e n r a g e r  t u t  v i s, *vgl.* Totz vieus cuyda raugier, *Ferabras
207;* totz vius cuyda raujar, *ebenda 938.* Tel duel a et tel ire
que vis cuide anragier, *Ch. Sax. I 103.*

443 *Wohl so zu schreiben:* E le tierz enemi que fait, Qui tut dis
devant lui s'estait? — Cist mondes *u. s. w. Der Relativsatz*
q u i . . s'e s t a i t *weist zurück auf Z. 410—412.*

452 *und 461 L.* nul autre *oder* nus autres.

458 [ces vins d'A n g i e r s. *Vgl. R. de Renart 22141* E si burent
bon vin d'Angou, De la Rochele et de Poitou.]

465 *Nach* r e n t e  e i n! *nach* t r e n t e  e i n?

470 *L.* C e l e  *mit Tilgung des E.*

472 *L.* T u z  v u s.

491 *L.* q u i  s a  v i e.

493 *u. 1574 L.* i v r e s c e, *welches* iuresce *geschrieben war, damit
nicht* jur. *gelesen werde; aus gleicher Rücksicht findet sich*
yvresce 2003.

500 *L.* o s t o r i e r.

515 *L.* n e  p r e n d r a.

564 s o r  s o n  p e i s  *„wider ihren Willen"* rgl. Parton. 8233, Chron.
Ben. 169; Perc. 70 sor son pois le despucela.

582 *L.* E  t u t  e n s e m e n t  *wie V. 580.*

621 [*Vgl. die Legende von Gregorius.*]

645 [*Die gleiche Klage über den Missbrauch, den Vornehme mit der
Gastpflicht der Klöster trieben, findet sich bei einem Erfurter*

*Poeten aus dem Ende des XIII. Jahrhunderts s. Carmen histo-*
*ricum occulti autoris saec. XIII herausg. von Höfler. V. 1066 fg.*
*(Wiener Sitzungsber. 1861 Bd. 37.)*]

V. 647. f a i r e  d a n g i e r *scheint hier nicht zu bedeuten „sich karg*
*erweisen, sparen" wie Z. 2932 und sonst, z. B.* Le sien cant
cussons moult chier, S'ele en seust faire dangier, *Part. 24;*
Miex vail que un leres assés Et moult sui mildres à mangier,
Et or faites de moi dangier, *Flore und Blancefl. 962;* Tele te
fera grant dangier D'esgarder et a toi resnier Ke plus i pense
en son corage K'elle ne moustre en son visage, *Jacques d'Amiens,*
*I 10 70; sondern es scheint gleichbedeutend mit dem* mener
dangier *des Ren. Mont. 211, 14, wo Ogier auf eine höhnische*
*Rede erwiedert:* Renaus, ... trop menes grant dangier.

682 *Vielleicht* c h e r e  o s c u r e.

683 *L.* q u 'i *mit der Hdschr.*

691 [prestres p a r r o i s s e r e z *kann ich sonst nicht belegen.*]

695 *Vermuthlich* annels *s. Littré unter* annuel *Subst. und N. de*
*Wailly, Langue de Joinville S. 13.*

717 *L.* touche.

742 *Es ist wohl zu schreiben* Totevcies „Revien, revien!

867. 886 [c h a s s e  „Nadelöhr." *Littré hat* chas, *Picardisch* case.]

897 Thesaurizat, et ignorat cui congregabit ea, *Psalm 38, 7.*

906 g e u n r e s *s. Du Cange 3,926 ͪ unter* junior; *die dort angeführte*
*Stelle ist aus dem Bestiaire, also auch aus einem Werke unseres*
*Dichters entnommen. Vgl. G. Paris, Accent p. 57, Littré*
*unter* gindre.

1061 l a z r e „Aussätziger"; *diese seltnere Nebenform von* ladre *steht*
*auch Tristan 2, S. 24 im Reim auf* mazre.

1075 [*Dieselbe Wendung findet sich in den* Trois moz, *Bl. 126 unserer*
*Hs.* E que la mort l'a e m p a l i e.]

1112 *Für* b r i c h e *in der Bedeutung „Schlinge, Falle" gibt Henschel*
*zwei Belege. Das Wort ist vermuthlich identisch mit dem ersten*
*Theile von* briquetoise (Et nonpourquant à briquetoize Ert li
roialmes de Hongrie, Se feme l'avoit en baillie, *Théatre fr. au*
*moyen-âge 544 ͪ;* Raisons, qui d'autre part se mist, Li dist que
il d'iloc s'en voise, Qu'il ne chiée en briquetoise, *ebenda 546 ͪ*)
*dessen zweiter Bestandtheil =* tensa *ist „gespannte Schlinge"*
piége tendu.

1117 *Wohl* enuios *mit Rücksicht auf Z. 1119; ebenso wahrscheinl. 2054.*

1124 *Ich möchte* i *für* il *vorschlagen. „Wenn dabei (bei dem Gra-*
*ben und Dreschen) etwas unterschlagen wird."*

1182 *Diese Nichtinversion im zweiten Theile einer Doppelfrage begegnet*
*öfter:* Avcs les vos ocis, u j'es auerai prison? *Ren. de Mont.*
*213, 22;* L'aves vos or ocis u il vient en prison? *ebenda 245, 24.*
Vos voldres vos deduire com chevaliers loés, U vos vos deduirois

come leres provés? *ebenda 296, 7;* me trairai je as trés, U je atandrai . . *302, 7.* Estes vos eschapée . . ou il vos a guerpie? *Aye d'Av. 29;* Vont il le pas u il s'en fuient? *Percec. 1506.* Vgl. Avez-vous donc robe achatée, Ou se vous l'avez empruntee De là où vous avez esté? *Barbaz. und Méon III 278.*

V. 1267 [S'el (la cote) n'est estreite e c h a m p o n e i s e. *Galt etwa zur Zeit des Grafen Thibaut, des Königs von Navarra, die Champagne für die Kleidertracht als Muster?*]

1288 *Es fehlt eine Sylbe; viell. zu lesen* premeraine.

1332 g e r n i r „*keimen*“, *gewöhnlich* germer, *doch erscheint nach Littré auch wallonisch* germi *und im Hennegau* gerner. *Auch an Herkunft von* granum *lässt sich denken; die Verstellung des* r *wäre dieselbe wie in* pernent *697,* furment *1581,* gerner *1618,* kernel *1862. Vgl.* mauvaistié . . Qui péust en lor cuers grener Ne reprendre ne rachiner, *Guill. d'Anglet. 95.*

1343 g a r i n g a l *wird als wohlriechende Pflanze oft genannt z. B. Flore und Blancefl. 381, 2029, Rom. d'Alix. 341, 24; an welchen Stellen* citoual *daneben genannt ist, wie hier; ferner Fierab. S. 96* (garigaus). *Nach Parton. 1622 ist das Morgenland die Heimat auch dieser Spezerei. S. auch Du Méril's Glossar zu Flore u. Bl. unter* garingal (*„*Maranta galanga*“ Linné) und* citoual (*„*Zédoaire*“ Zittwer). Das provenzalische Reimwörterbuch erklärt S. 44* galengaus: *genus speciei,* galenga. *Raynouard im Lex. Rom. sieht in* guarengal *die Geissraute,* galéga.

1382 Li le *kommt kaum vor, nach* li *wird das Accusatirpron. regelmässig unterdrückt, viell.* li estuct tost regeter.

1464 *L.* qu'il *oder* que c' *nämlich* orgoil.

1466 *L.* deslciel, *auch 2296* desleiele; *vgl. 3034, 3053* leial.

1525 *Die Emendation ist vielleicht unnöthig; fust heisst „Baum“ s. Lemcke Jahrb. VIII 341.*

1576 escoil = *élan s. Littré, Hist. de la langue française 1, 233. Vgl. auch Bat. d'Alischans 5618* Prist son escueil, si s'est esvertuez. *Jehan de Condé II 154 V. 88* Bien lait l'orgueillous prendre escueil Et haut monter et gouverner; *s'escoillir heisst „sich aufraffen.“*

1593. 1706. 1779 *Du Cange führt unter* zizanea *aus einem lat.-franz. Glossar an: „*zizania g e r g e r i e, *est quædam herba. Im Rom. d'Alix. 548, 31 lesen wir:* cil fist grant folie, Qui entre les porciaus giete se margerie, Ne avoec le forment sème le garberie. — *Droe wird zusammen fallen mit nfrz.* droc, *un des noms de l'ivraie (Littré); ist dem so, so wird auch in der von Du Cange unter* droscus *beigebrachten Stelle die Bedeutung von* droe *eine andre als die ihm dort beigelegte sein. — Neele ist nfrz.* nielle.

1612 [j u g n e t *für* "*Erntemonat, Ernte" gebraucht scheint sich auch bei Phil. de Thaun, Best. 616 zu finden.*]

1683 *Es ist ohne Zweifel zu lesen* gorguecon, *wie Ren. de Mont. 156,31 steht:* Onques ne volrent requerre (*lies* querre) à lui acordisson; Renaus le haoit mult de vielle gorgueçon. *Das Wort ist vielleicht verwandt mit den von Henschel verzeichneten Verben* gorger, gorgoier, gorgocier.

1841 *L.* Tute la char *mit Tilgung des* E.

1870 *Vermuthlich* sorurs, *ihre Schwestern, die zuvorgenannten Tugenden.*

1916 *Durfte nicht geändert werden;* sale *hat ein accentuiertes* e „*gesalzen oder frisch.*"

1933 [tortis *fem.* tortice *heisst* „*gedreht, geflochten*"; *rgl. De la Rue, Bardes 3, 138* tortice fud [la corone] et fud d'un aiglanter. *Kann es mit Ellipse des Substantivs* "Strickgeflecht" *heissen?*]

1941 *Eher ist* la *zu streichen als das* e *von* tute; *rgl.* se départirent à une avesprée . . et chevauchièrent toute nuit, *Villehard. (éd. Paris) S. 72.*

1951 *Ich vermuthe* bobe, *rgl. Jeh. de Condé I p. 284 Z. 103:* Car la genticus dame courtoise Ne les paya mies de bobes, Ains leur donna cevaus et robes, *und das Verbum* bober *bei demselben II 81 Z. 1052:* Par le singe entent ceulz qui bobent, Qui font grans moes et grans chières; Teles genz a on à court chieres, Qui losengent et ostent buisses.

1974 *Ich würde* tute *schreiben.*

1976 r e m e t t r e „*schmelzen*" *s. Roquefort, und rgl. Baudouin de Condé S. 51 Z. 172* Tout ensi con la nois remet, Quant li rais don soleil l'ataint; *Jehan de Condé II 166 Z. 157* par cui fondu Sont maint bien et remis con nois; *Perc. 5805* li solaus ot .II. des goutes del sanc remises Qui sor la noif furent assises, Et l'autre aloit jä remetant.

2003 [*Trunkenheit wird auch sonst in der altfranzösischen Dichtung den Engländern vorgeworfen. So bei Raoul de Houdenc im Songe d'enfer p. 390* Et dist qu'il [Guersai Hs. versez] est nez d'Engleterre. *Guillaume Guiart, Branche aux royaux lingnages I p. 304* Anglois qui de boire a guersoi A granz henaz plains de god ale Sevent la guise bonne et male.]

2114 *Zu* s o d e m e n t *rgl. provenz.* soptament, *Bartsch Denkm. XII, Jaufre 56ª. [Ebenso wird* sodement *erfordert anstatt des handschriftlichen* sodcement *in der aus den* Treis moz Guillaumes *in der Einleitung S. XXXIV. mitgeteilten Stelle. Daneben gebraucht Guillaume auch die gewöhnlichere Form* sodcement *Bes. 1074.*]

2185 *Man vergleiche hierzu Chevalier au lyon 1104:* Mes onques
entr'ax n'orent oel Don mon seignor Yvain veissent *und ebenda
1961* Chevalier qui ne s'an (*nämlich* de la dame) aproche Et
qui n'a ne lengue ne boche Ne san dom acointier se sache.

2226. 2248. 2249 *u. ö. ist sicher* Perc *d. h.* Pierre *zu schreiben, wie
2271 deutlich zeigt, und aus dem Fehlen des Artikels sich
ergibt.*

2255 torbote, *auch 2427 und 2429* [*wo beidemale die Hs.* torhotes
*hat*]. *Ich denke das Wort ist identisch mit dem von Diez
Wörterb. II c. besprochenen* turbot, *hat aber nicht dessen jetzige,
sondern die Bedeutung „Wasserwirbel", welche jener nach
Diez vorangegangen ist.*

2277 croistre *ist natürlich nicht* crescere, *welches hier* creistre *lauten
würde, sondern das von Diez auf ein* goth. kraustjan (*s. Wb. unter*
crosciare) *zurückgeführte Verbum, welches öfters begegnet und
„knirschen" bedeutet.* La nés Huon, à la damoisele ert, Commence
à croistre et treatote à froer, *Huon de Bord. 203;* Par tel vertu
s'estent li viex barbé . . Le fer fait croistre du bon estrier doré,
*ebenda 239.* Si fierent si ke les ès croissent Des cucus, *Perceval
3847;* Cruist li acers, ne freint ne ne s'esgruignet, *Chans. de
Rol. 2302 (Müller).*

2291 *Soll man vielleicht* ades atelee *„allezeit bereit" schreiben? Die
Bedeutung „zurechtmachen" ohne Bezug auf Wagen und Zug-
thiere scheint sich für* atteler *aus einer bei Littré beigebrachten
Stelle zu ergeben.* [Iloc au jour se voudra asteler == préparer,
disposer, *Ronc. p. 8.*]

2341 *Zur Herstellung der erforderlichen Sylbenzahl ist eine Aenderung
unvermeidlich, etwa:* e deus, aussi veraiement Com. . . torment,
Le gart. *Vgl. 2093, wo ich* veirement *oder* vraiement *lesen möchte.*

2354 [Gauvaic *erscheint auch Fregus 206, 5. 14 und wird ebenda
204, 13 durch* Irlande *ersetzt.*] *Buchstäblich stimmt dazu der
Name der Stadt und des Busens Galway in der Provinz Con-
naught in Irland.*

2376 *Soll man zur Herstellung des Reimes* colverz *mit* coitrarz *ver-
tauschen, welches sich* Haimonskinder (Bekker) 538 *als Synonym
von* bastart *findet:* Pour dieu veuillés nous dire si nous sommes
batart, Car Aymes de Dordonne nous a clamé coitrart? *Vgl.
aber den Reim* esparne : superne, *3167.*

2468 *L.* l'avenue.

2478 Feulz *ist nicht leicht denkbar; vermuthlich ist* feeilz *zu lesen
(vgl.* feelte *2707 und* feel: conseil *2723), eine Form die ein ganz
correctes normannisches Gegenstück zu der Form* feoil *bildet,
welche wir in der Chans. des Sax. II 44 (und I 228) finden:*
Molt m'as esté amis et privez et feois.

2540 *Der Dichter scheint sich dessen nicht genau zu erinnern, was
er im 7. Kapitel des Josua gelesen hatte: „Achan, der Sohn
Charmi nahm des Verbannten etwas"; Gott bestraft dafür
Israel durch Unglück im Kriege. Josua findet aus allem Volke
den Schuldigen, welcher bekennt: „Ich sahe unter dem Raube
einen köstlichen babylonischen Mantel und zweihundert Sekel
Silber . ., dess gelüstete mich und ich nahm es." Der Dieb
wird darauf gesteinigt, seine Beute verbrannt in einem Thale,
welches nach ihm „Achor heisst bis auf diesen Tag."*

2581 *Sollte nicht eher E gestrichen werden als das u von Jerusalem?*

2588 *Die Verslücke möchte ich lieber durch* qui *als durch* il *ausfüllen;*
qui la *in der folgenden Zeile steht für* qu'il la *oder* que la.

2601 *Vermuthlich* Mais, deus, qui avra.

2612 [portes oires. *Darf man* ad ories candelabres *Alexis 117, 1
vergleichen?*] L. as p. oires = aureas.

2652 aaisier, *für welches* aasier *vorkommen mag, findet sich häufig;
hier passt besser* aasier *oder* assasier „*sättigen", wie* 1440.

2725 N'a *zu schreiben wie* 3466.

2741 Telsia *wird zu einem Begriffe* „*manche," vgl.* Et à tez i a si
meschiet que . . . Jahrb. VIII, 350. *Also kein Komma nach* 2740.

2743 *Durch die Aenderung wird der vorher richtige Vers zu lang.*

2821 *Die Bedeutung von* pycois, *welches sich bei* Du Cange-Henschel
*belegt findet, ergibt sich annähernd aus dem Zusammenhang
auch in folgenden Stellen:* s'adoberent . . Et prenent maus do
fer et grans picois d'acier, Chans. d'Antioche I 231; ferir à la
porte do grans picois d'acier *ebenda* II 26; *ganz deutlich aber
aus* Livr. des Rois 44 *und aus der Glosse zu* Johannes' de Gar-
landia dictionarius *(Jahrb. VI 308), an welchen beiden Stellen*
picois *das lat.* ligo *übersetzt (die Glosse schreibt* picoyses *im
Plur.). Nach* 2820 *scheint mir ein Komma nicht stehn zu sollen.*

2832 [estre entor „*mit etwas beschäftigt, bemüht sein"?*]

2848 muee *eig.* muiee „*Scheffelvoll" von* mui *abgeleitet wie* poignée
*von* poing, bouchée *von* bouche. *Nach* Du Cange *ist das mittel-
lateinische* modiata *allerdings auf das Land, das mit einem
Modius besät wird, beschränkt.*

2859 [oisdive *findet sich auch bei* Wace, Brut 1101 u. fg. *Es ist
ein Adj., wozu* vie *zu ergänzen ist.*]

2863 [*Vgl.* si voidemain *im* Miracle de Sardenai 91 *(in* Robert
Grosseteste, Carm. Anglo-Norm. ed. Cooke)].

2890 joinceieiz *scheint mir ein nicht annehmbares Gebilde; ich
möchte* joincereiz *vorschlagen; eine Ableitung mit* ar-etum, *ohne
dass ein Pflanzenname mit* arius *vorliegt wie in* roscraie
châtaigneraie *u. dgl., zeigt sich auch in* ronceraie *von* ronce.

3036 *Vielleicht nach 2949 zu emendieren.*

3041 *L.* preechier; *vgl. Cher. au lyon* 2535 preescheor *und* 5954, 5955 *neben einander* preeschier *und* preschier.

3047 *L.* Qui lor.

3064 error *nicht* „Irrthum", *sondern* „Unsicherheit, Besorgnis" *s. Lemckes Jahrb. VIII 348.*

3110 endreit sei „an sich, was ihn betrifft" *ist fast pleonastisch beigefügt; vgl. Perc. 218* Que cascuns endroit soi s'atort.

3130 merchie *lässt sich vielleicht halten; die afr. Formen* merker *und* merchier = *nfrnz.* marquer *verzeichnet Diez Wb. unter* marca; *ich finde die letztere z. B. Brut. 4218* l'espée .. fu de letres d'or merchiée des lo helt. *Oder sollte das Wort auch* „verweisen" *bedeuten wie* confiner?

3156 [jehui „heute." *Vgl. Benoit de S. More, Eneas, Auszug von A. Pey p. 30* Molt m'en est pou jehui matin. *QIdR. p. 51* pur quei ne respundis ini a tun serf.]

3199 *Ich finde die Stelle in den Psalmen nicht.*

3220 [*Der Wirt der Welt ist der Teufel, wie bei Walther von der Vogelweide 100, 24.*]

3234 Tout *scheint mir unmöglich; ich möchte* Dont *lesen.*

3237 *Dem Vers fehlt eine Sylbe; vielleicht ist* James *für* ja *zu setzen.*

3261 *Vgl.* Qu'il mist en .I. mont, ce me sanble, Cheval et chevalier ensanble, *Chev. au lyon 3151.* Et quant cuide iestre plus parfont, Le tresbusce Dieus en .I. mont, *Jeh. de Condé I 356, 22.*

3273 *Nicht* Hiob, *sondern Salomo, Prediger VII, 3; darum vielleicht* cil *für* il.

3317 *Die Ziffer bei der Variante ist unrichtig. Uebrigens möchte ich bei besserer Einsicht in den Zusammenhang eher vorschlagen:* Qui scanment d. h. *passend, angemessen,* le penist dire, *wenn einer es recht aussprechen könnte.*

3383 [que ceo n'esteit pas fin = „überaus"?]

3442 *Ein alter Beleg des von Littré nach Nublé ansprechender als von Du Cange erklärten Wortes* adirer *findet sich Livres des Rois 29:* Avint que à Cis .. furent adnes adirez (= perierant asinae Cis) *und 34:* adnes que à mun père furent adirez.

3632 [Tut ne seie jeo mie tel. *Vgl. Alexis (ed. Hofmann) 44, 5* Tut soi amferms, sim' pais pur sue amor.] *und Chev. au Lyon 2140, wo die vaticanische Hs. liest:* Tot soit que conseil en demande (*vgl.* tutto fosse molto contrario della chiesa *bei Blanc Gramm. 592*).

3752 *Dieser Ausdruck gehört zu den im Epos oft wiederholten Epitheten Gottes:* Kar pleust ore à Deu qui haut siet et loing voit, *Ren. de Montaub. 257, 3 und 11; ebenso 347, 30 u. s. f.*

*Miracle de Nostre Dame d'un enfant, herausg. von A. v. Keller 30, 15.* [Cil qui haut siet et de loing mire, *Ren. 11687*; qui haut siet et loins voit *Berte 44, 181. s. J. Grimm, Deutsche Mythologie p. 21.*]


[*Dazu kommen folgende orthographische Verbesserungen, welche ich nach den S. VIII und IX aufgestellten Grundsätzen nicht in den Text aufgenommen habe:*]

32. 2415 feiz, 134 fuitis, 188. 3128 aveir, 560 chacot, 636. 1165 aver, 1013. 1636. 3070. 3738 ca jus *oder* cejus, 1177. 2337 veeir, 1371 entrer, 1734 emprunter, 1736 quer. 2048 reniera *oder* reneiera, 2331 beivre. 2378 feible *und* 3089 feiblesce, 2671. 2744 creistre, 2724 savra *und* 2740 avra [*ich habe an gesetzt, wo die Hs. kein e folgen liess*], 2877 oisus == oiseus *oder* oisis == oisivs, 2934 meisme, 3518 juis, 3602 hui.

## BERICHTIGUNGEN.

---

51. (d. h. hinter 51 Punct) 55. 114, 290 Komma weg 335, 534: 539, 649 chescun 1114. 1275. 1626, 1705 E traison c 1738 a en fieu 1966. 1982 sa poldre 2075, 2096: 2116 Komma weg 2164 l'a 2351, 2352. 2358, 2392 Punct weg 2448 sepulcre 2568 grant 2669 son 2826, 2968. 2992, 3039 guarir 3043, 3053, 3224.

In den Varianten: 257 p. c m. Anstatt 3010: 3012 Anstatt 3313: 3317.

# NACHTRAG.

Zu S. 11. *Auf meine Anfrage wegen des Verhältnisses der beiden angeführten* Vies de S. Marie Egiptienne *hat mir* Dr. Brakelmann *freundlichst folgende Auskunft gegeben:*

„*Die auf Fol.* 15$^{r\,2}$—25$^{r\,2}$ *der* Hs. 19525 *fonds Français der Pariser kaiserlichen Bibliothek befindliche* Vie de S. Marie Egiptienne, *welche dort auf* 45 *Columnen zu* 32 *Zeilen* 1440 *Verse umfasst, ist eine etwas abgekürzte Recension des bekannten Lebens dieser Heiligen, welches von* Cooke 1852 *(als* 9. *Veröffentlichung der* Caxton Society*) im Anhange zu* Bischof Robert Grossetestes chasteau d'amour *aus der* Hs. 232 *des* Corpus Christi college *zu* Oxford *in einer etwas längeren,* 1534 *Verse umfassenden Version sehr entstellt herausgegeben worden ist und sich auch sonst noch handschriftlich findet z. B. in der Pariser kaiserl. Bibliothek* Nro. 23112 f. f., *früher* Sorb. 310 *(vgl. weiter unten), in der* Bodleian library Misc. 4°. 74 Fol. 109 — 120 *(*1330 *Verse), in der Bibliothek des* Lord Asburnham *zu* Asburnham Place, *verzeichnet in dem (nicht in den Handel gekommenen)* Cataloge Part the second, The Barrois manuscripts *nr.* 1, Fol. 268b—279, *in der Bibliothek zu* St. Omer *nr.* 35 *(Fragment auf den Schutzblättern eines Psalters aus d.* 13. *Jahrh., welcher früher der Abtei* St. Bertin *angehörte), u. ö. a. Nicht hierher gehören die Mss., welche die viel kürzere Version des* Rustebues *enthalten.*

*Wenn die Redaction des* Ms. 19525 *nicht die directe Quelle der spanischen Legende ist, welche aus einer Handschrift des* Escorial *vom* Marquis von Pidal *(*1840*) und von* Ochoa *(*Colleccion de poesias castellanas anteriores al siglo XV., Baudry, Paris 1842*) herausgegeben worden ist, so steht sie derselben doch an vielen Stellen näher als die von* Cooke *herausgegebene Fassung, welche* Mussafia 1863 *im Junihefte der Sitzungsberichte der Wiener Akademie p.* 153 *ff. mit der spanischen Legende eingehend verglichen hat. Jedoch zeigt die*

*Handschrift 19525, ebenso wie das Ms. der Sorbonne, von dem gleich noch eingehender die Rede sein wird, im Einzelnen immerhin noch so zahlreiche Verschiedenheiten von der spanischen Legende, dass wir in keiner der Pariser Handschriften die directe Vorlage des spanischen Textes zu erblicken vermögen, wenn wir nicht etwa die spanische* Vida *als eine Ueberarbeitung der französischen ansehen dürfen, was dadurch nicht gerade ausgeschlossen wird, dass sehr viele Stellen fast wörtlich übersetzt sind.*

*Das Verhältnis der Hs. 19525 zu dem von Cooke veröffentlichten Ms. des Corpus Christi college ist ein nahes, in der Art, dass der sehr fehlerhafte Text letzterer Handschrift häufig durch Ms. 19525 berichtigt werden kann. Die 94 Verse, um welche der Pariser Text kürzer ist als der Oxforder, fehlen nicht an einem Stück, sondern erklären sich durch knappere Recension an einzelnen Stellen und durch an anderen Stellen ausgefallene Verspaare. So z. B. hat das Pariser Ms. statt der ersten sechs Verse bei Cooke nur vier; statt der Verse 101—104 bei Cooke finden wir hier nur die Verse:* Desque ele out passe douze anz A toz veut faire lors talenz; *ferner ist die Erzählung von der Auffindung der Marie durch den Zozimas (Cooke 816—1113) im Pariser Ms. statt 297 nur 284 Verse lang, folglich um 13 Verse kürzer: ganz fehlen im Par. Ms. z. B. V. 1475 und 1476, 1491 und 1492. — Mit der Bearbeitung des Rustebues stimmt die Hs. 19525 häufig gegen Cooke überein z. B. V. 683, 684, 1073, 1074, so dass also nicht alle Abweichungen des Rustebues von dem Oxforder Texte Veränderungen seinerseits zuzuschreiben sind. An anderen Stellen z. B. 1141 fg. stimmt dagegen wieder die Pariser Hs. zu Cooke gegen Rustebues. Einige Varianten der Pariser Hs. zum Cookeschen Texte können dazu dienen, einerseits eine Idee von den Abweichungen zu geben, andererseits zu zeigen, wie weit die Pariser Hs. zur Besserung der Oxforder beitragen kann. Ich notire die Varianten ganz genau nach dem Ms., es sind auch nur einige Schreibfehler darin, deren Besserung sich von selbst ergibt.*

7. Bien croi que volentiers l'orunt
   Cil qui dampnedeu amerunt.

15. Ke ceo sacent tuit peceor.

27. Unc deu ne cria pechie.

39. En ses ors pechies s'endort
    Desqu'il sent al cuer la mort.

81. "Fille", ceo lui disoit la mere,
    "Car crei le conseil de ton pere,
    Se longement tiens cest mestier,"

89. "N'est dreit que tu soies perdue
    Por sofraite de nostre aiue."

93. "Ke tu soies issi perie
    Por ta maesse legerie.
    Tis peres est issi irez,
    James a nul jor n'iert liez
    Et maldit tote s'aventure,"

136. Iloc faisoient mainte meslee,
    Por ceo qu'il erent si ami
    Se fesoient illoc hardi
    De guisarmes et d'espees.

141. La chetive, qui ceo veeit,

145. Quant ele veet les deus ocis,
    Ja plus tart ne faisoit un ris.

147. Ja cil, qui por lui fust nafre
    Por lui ne fust il regarde.
    Plus ama o les sains juer
    Que les malades visiter.

164. Einz que jeo trespas avant.

181. Chascun des traianz a la dune
    N'ert mie greignor d'une pume.

228. De vielz honnes et de meschins.

234. S'en alerent fors el gravier.
    ❧  Main a main s'alouent juant
    Par le rivage li enfant.

238. . . . qu'ele ne rie.

243. Quel part s'en irunt cil barun,

251. "Se lor aviez que doner,
    Dunc poriez o els aler."

257. "Ne lor dorai altre loier:
    Car jeo ne n'ai c'un sol dener."

279. "Del regne de Egypte sui nee."

309. "N'en i out un taut desdeignous,
     Fust jovencel ou fust espous,
333. Qui pooit sofrir taut graut fole.
336. Et si la fist venir a dreit port.
(342. *fehlt* estre *auch wie im Oxf. Ms.*)
344. Que a la cite s'en ira
     Et fera iloc sun mester,
     N'a corage de lui changer.
355. Out issi enpirie lo leu,        -
     Miex fust, qu'il i corust feu.
387. Qui resemblouent chevaliers:
     Mais mult aveient les vis fiers.
421. Eu la masiere figuree.
495. Par treis fiees l'essaia.
507. D'enfer bruisa la sereure.

*Bis V. 1514 stimmt der Cookesche Text (von einzelnen Abwei-*
*chungen abgesehen) mit 19525. Es folgen in letzterem dann noch*
*40 Verse, von denen die letzten vier mit den entsprechenden des*
*Ms. der Bodleian library, welche der Catalog bringt, stimmen.*

*Im Ms. 23112 (früher Sorbonne 310) steht die* vie de
S. Marie Egyptienne *unter zahlreichen Leben der Heiligen an*
*letzter Stelle. Das Gedicht hat in diesem Ms. 1643 Verse, von*
*denen die 118 letzten nur dieser Hdschr. angehören. Diese Verse*
*sind ganz äusserlich angeflickt und enthalten eine Art Lobgesang*
*auf Christus, die Jungfrau Maria und verschiedene Heilige, welcher*
*auch eine Art moralischer Nutzanwendung aus Ste. Marie Egyptienne*
*eingewebt ist. Dieses Stück unterscheidet sich schon ganz äusserlich*
*durch den 10 silbigen Vers von dem Uebrigen.*

*Was das Verhältnis des Ms. Sorbonne zu dem Ms. St. Germain*
*(19525) anlangt, so ist ersteres, wie schon die grössere Verszahl*
*zeigt (nach Abzug der 118 angeflickten Verse bleiben 1525 zu den*
*1440 des Ms. St. Germain) an manchen Stellen vollständiger als*
*Letzteres; namentlich enthält es, verglichen mit Cookes Text die*
*Verse 120, 121, 187, 188, 321, 322, 357, 358, 511, 512,*
*515, 516, 807, 808, welche in 19525 fehlen. Abgesehen von diesen*
*fehlenden Versen steht aber der Text des Ms. St. Germain dem Cooke-*
*schen Text durchweg näher als das Ms. Sorbonne, namentlich V. 268 ff.,*

wo der Text des Ms. Sorbonne kürzer ist, während St. Germain zu Cooke genau stimmt; ebenso fehlen dem Ms. Sorbonne 279 und 280, 643 und 644, welche St. Germain wie Cooke hat; ferner stimmt St. Germain zu Cooke V. 305 ff., 546 ff. und 609 ff., wo Ms. Sorb. ganz abweicht. Die grössere Verszahl des Ms. Sorb. erklärt sich 1) aus den oben angeführten Versen, welche in St. Germ. wohl aus Unachtsamkeit des Schreibers vergessen sind, während im Ms. Sorb. durch eine andere Unachtsamkeit des Schreibers manche Verse zweimal geschrieben sind; 2) aus einzelnen Breiten, welche auf Interpolationen hindeuten.

Es folgt aus dem Angeführten für Werth und Verhältnis der Handschriften Folgendes:

1) Unter den verglichenen Ms. bietet den besten und reinsten, wohl auch den ältesten Text der Vie de Ste. Marie Egyptienne das Ms. 19525 (St. Germ. 1856), wenn auch einzelne Verse durch Unachtsamkeit des Schreibers ausgelassen sind.

2) Dieselbe Handschrift steht der spanischen Vida vielfach näher als Cookes Text und diesem wiederum näher als dem Ms. Sorbonne.

3) Letztere Handschrift bietet einen vielfach erweiterten, überarbeiteten und interpolirten Text." —

Zu S. 111. Der Alexis ist neuerdings mit Benutzung unserer Hs. von C. Hofmann wieder herausgegeben worden in den Sitzungsberichten der k. Akademie der Wissenschaften zu München 1868 I 1, wobei auf S. 4 des Separatabdruckes die einzelnen Stücke der Hs. nach den Angaben von P. Paris angeführt werden. Dr. Brakelmann, der mich darauf aufmerksam gemacht hat, teilt mir zugleich mit, dass er Alexislieder in teilweise sehr abweichender Redaction, die, unabhängig von der älteren Bearbeitung direct auf Grund des lateinischen Lebens ausgeführt ist, ausser den von C. Hofmann SS. 5 und 6 aufgeführten vier Pariser Handschriften noch gefunden habe

5) im Ms. fonds Fr. 1555 (alt 7595[2]) fol. 108—120.

6) im Ms. f. Fr. 1881 (alt 7883[3]) fol. 93—125.

7) im Ms. f. Fr. 15217 (alt suppl. Fr. 521) fol. 14—25.

8) im Ms. 25408 (Notre Dame 273[bis]) fol. 30—39.

*Durch Erwähnung in den Specialcatalogen und anderweitig
sind ihm noch bekannt:*

9) in der Bodleian library, Canon. misc. nr. 74, Fol. 1—19ʳ.

10) in der Bibliothek zu Arras nr. 766 (datirt von 1471).

*Eine Copie der alten (Lambspringer) Redaction soll nach
Paul Meyers neuestem Rapport in Asburnham Place sein; in dem
gedruckten Cataloge dieser Sammlung fand sie sich jedoch nicht
erwähnt. Es steht da unter nr. 112 der Mss. eine* Vie des Saintes.

*Eine provençalische Bearbeitung* Vida de Sant Alexi *fand er
im Pariser Ms. 1745 (alt 7693) fol. 158—170.*

*Zu S. XVIII. Die drei Feinde finden sich auch im Edel-
stein des Ulrich Boner:* Von dem anvange diss buoches 52 der
lip, der tiuvel und diu welt  im nement guoter werken kraft.
Von dem ende d. b. 48 und hilf uns daz wir sin behuot  vor
des libes ræten  und vor der welt getæten  und vor des
tiuvels sâmen. *Wo findet sich wol zuerst diese auch von Meister
Eckhart (ed. Pfeiffer 414, 15) wiederholte Trilogie?*

*Zu S. XXIX. Vgl. Neuvermehrtes Rath-Büchlein (Rocken-
büchlein): Welche sind die vier ärgsten Haus Plagen? Drey Ding
sind im Haus uberlegn: Der Rauch, ein bös weib und der Degn
[l. Regn], Das vierdt beschwert es überaus Viel Kinder rnd kein
Brod im Haus.*

*Zu S. XLIV. J. Grimm, D. Myth.* ³714: "*Beda de temp. rat.
cap. 13 bewahrt eine merkwürdige Kunde, deren volles Verständnis
uns aber abgeht:* incipiebant annum (antiqui Anglorum populi)
ab octavo cal. Jan. die, ubi nunc natale domini celebramus. et
ipsam noctem nunc nobis sacrosanctam, tunc gentili vocabulo
modranehct (môdra niht) i. e. matrum noctem appellabant
ob causam, ut suspicamur, ceremoniarum quas in ea pervigiles
agebant." *Vgl. Geschichte der deutschen Sprache 1. Ausg. S. 79.
Ist dies die Quelle Guillaumes, so ist die Vermutung, er sei damals
in England gewesen, hinfällig.*

Halle, Druck der Waisenhaus-Buchdruckerei.